Die Baupolizei

im

Gebiete des Allgemeinen Landrechts

unter

Berücksichtigung der neuesten Gesetzgebung

und Rechtsprechung der höchsten Preußischen Gerichtshöfe

dargestellt von

J. Bochmann.

Berlin.

J. J. Heines Verlag.

1887.

Vorwort.

Das vorliegende Werk will in gedrängter Form eine möglichst vollständige Darstellung der Baupolizei im Gebiete des Allgemeinen Landrechts geben. Die neuere Gesetzgebung hat gerade bezüglich der Baupolizei wesentliche Veränderungen herbeigeführt, deren Kenntniß für Jedermann unbedingt nothwendig ist. Das Werk enthält eine Zusammenstellung der gegenwärtig noch geltenden allgemeinen baupolizeilichen Bestimmungen mit Einschluß des Gesetzes über die Anlegung und Veränderung von Straßen und Plätzen in Städten und ländlichen Ortschaften vom 2. Juli 1875, des Gesetzes über die Gründung neuer Ansiedlungen vom 25. August 1876, des Feld- und Forstpolizeigesetzes vom 1. April 1880 (bezüglich der Errichtung von Feuerstellen in der Nähe von Waldungen) der Reichsgewerbe-Ordnung (bezüglich der gewerblichen Anlagen) und der neuesten preußischen Verwaltungsgesetze, und sind zur Erläuterung an den betreffenden Stellen die Entscheidungen der höchsten Gerichtshöfe in knapper und präziser Form eingeschaltet. Besonderes Gewicht ist auf eine vollständige Zusammenstellung der gesetzlichen Bestimmungen über die Anfechtung von polizeilichen Verfügungen und Zwangsmaßregeln, sowie über die vorläufige Straffestsetzung, welche in dem Gesetze über die allgemeine Landes-Verwaltung vom 30. Juli 1883 und dem Gesetze über den Erlaß vorläufiger Strafverfügungen vom 23. April 1883 enthalten sind, gelegt. Das Werk, zu dessen besserer Benutzung neben dem Inhaltsverzeichnisse ein ausführliches Sachregister dient, stellt sich sonach als ein dem praktischen Bedürfniß entsprechendes Handbuch für Polizei- und Kommunal-Behörden (besonders für Bürgermeister, Amts- und Gemeindevorsteher, sowie für Rechtsanwälte, Baumeister, Bauhandwerker und Bauherren, Hausbesitzer 2c.) dar.

Berlin, im September 1887.

Der Verfasser.

Inhalts-Verzeichniß.

Einleitung.

Aufgabe der Polizei.

Die Aufgabe der Polizei im Allgemeinen erstreckt sich auf Abwehr der durch Naturereignisse oder Rechtsverletzungen herbeigeführten Gefahren und Nachtheile, die sie theils vorbeugend (präventiv), theils beseitigend (repressiv) zur Ausführung bringt. Im engeren Sinne ist es nach § 10 Tit. 17 Th. II A. L. R. das Amt der Polizei, die nöthigen Anstalten zur Erhaltung der öffentlichen Ruhe, Sicherheit und Ordnung und zur Abwehr der dem Publiko oder einzelnen Mitgliedern desselben bevorstehenden Gefahr zu treffen. Für ihr Eingreifen ist allein bestimmend die Rücksicht auf das öffentliche Wohl, und die Befugniß zum Einschreiten leitet sie von der gesetzlichen Vollmacht her, darüber zu wachen, daß die Einrichtungen in Gemäßheit des ihnen beiwohnenden öffentlichen Zweckes erhalten werden, daß die Personen zur Erhaltung der öffentlichen Ordnung die ihnen obliegenden Pflichten erfüllen. Die Aufgaben der Polizei bieten mehrfache Besonderheiten; vielfach dulden sie keinen Aufschub, das Eingreifen muß unmittelbar und schleunigst erfolgen. Mit Rücksicht hierauf ist die Polizei mit einer Reihe von Befugnissen ausgestattet und dabei ihrem eigenen Ermessen ein ausgedehnter Spielraum gewährt worden.

Verwaltung der Polizei.

Die Verwaltung der Polizei gehört hauptsächlich zum Ressort des Ministers des Innern. Seine Zuständigkeit erstreckt sich indeß nur auf die allgemeine Polizei, während dem Kultusminister die Gesundheitspolizei, dem Minister für öffentliche Arbeiten die Bau-, Eisenbahn- und Bergpolizei, dem Handelsminister die Hafen- und Schifffahrts- und der größte Theil der Gewerbepolizei und dem Landwirthschaftsminister die Landwirthschafts-, Forst-, Jagd- Fischerei- und Veterinärpolizei unterstellt sind.

Die Polizei unterscheidet man in Landespolizei und in Ortspolizei. Der Landespolizei fallen alle diejenigen Angelegenheiten zu, die ihrer höheren Bedeutung oder ihrer größeren Schwierigkeit wegen von einer unteren Behörde nicht wahrgenommen werden können und durch deren Wahrnehmung ein über den räumlichen Sprengel des Lokalpolizei-Verwalters mehr oder minder weit hinausreichender Kreis von Betheiligten berührt wird oder deren Natur eine rein lokale Behandlung nicht zuläßt. (Entsch. des Ober-Verw.-Ger. v. 8. Oktober 1885 — Entsch. Bd. XII. S. 322, — siehe Parey, Rechtsgrundsätze, S. 291). Landespolizeibehörde ist der Regierungspräsident; nur die Berg- und Eisenbahnpolizei und einige andere Spezialzweige werden von besonderen Behörden verwaltet. Abgesehen von einzelnen bestimmten Gegenständen sind dem Oberpräsidenten die sich über mehrere Regierungsbezirke erstreckenden polizeilichen Angelegenheiten und die bei außerordentlichen Ereignissen und Gefahr im Verzuge erforderlichen Anordnungen vorbehalten.

Der Orts-(Lokal-)Polizei fallen alle diejenigen Angelegenheiten zu, die nicht zum Ressort der Landespolizei gehören und ihr gesetzlich überwiesen sind.

Außerdem giebt es noch eine Kreispolizei, die erst durch § 17 der Kreisordnung vom $\frac{\text{13. Dezember 1872}}{\text{19. März 1881}}$ eingeführt ist.

Hinsichtlich der Organe, welche als Ortspolizeibehörde zu fungiren haben, gelten folgende Bestimmungen:

a. Gesetz über die Polizei-Verwaltung vom 11. März 1850:

§ 1. Die örtliche Polizei-Verwaltung wird von den nach den Vorschriften der Gemeinde-Ordnung dazu bestimmten Beamten (Bürgermeistern, Kreis-Amtmännern, Oberschulzen) im Namen des Königs geführt, vorbehaltlich der im § 2 des gegenwärtigen Gesetzes vorgesehenen Ausnahmen 2c.

§ 2. In Gemeinden, wo sich eine Bezirks-Regierung, ein Land-, Stadt- oder Kreisgericht befindet, sowie in Festungen und in Gemeinden von mehr als 10000 Einwohnern, kann die örtliche Polizei-Verwaltung durch Beschluß des Ministers des Innern besonderen Staatsbeamten übertragen werden. Auch in andern Gemeinden kann aus dringenden Gründen dieselbe Einrichtung zeitweise eingeführt werden.

b. Kreisordnung für die Provinzen Ost- und Westpreußen, Brandenburg, Pommern, Schlesien und Sachsen v. 13. Dezember 1872 in der Fassung des Gesetzes vom 19. März 1881:

§ 59. Der Amtsvorsteher verwaltet:

1. Die Polizei, insbesondere die Sicherheits-, Ordnungs-, Sitten-, Gesundheits-, Gesinde-, Armen-, Wege-, Wasser-, Feld-, Forst-, Fischerei-, Gewerbe-, Bau-, Feuerpolizei u. s. w., soweit sie nicht durch besondere Gesetze dem Landrathe oder anderen Beamten übertragen ist.
2. 2c.

Unter der nach Ziffer 1 dem Amtsvorsteher übertragenen Wasserpolizei ist die Strom-, Schifffahrts- und Hafenpolizei nicht begriffen.

Nach den §§ 29 ff. der Kreisordnung sind der Gemeindevorsteher und der Gutsvorsteher Organ des Amtsvorstehers für die Polizei-Verwaltung.

§ 77 Al. 2. Der Landrath hat auch ferner die gesammte Polizei-Verwaltung im Kreise und in dessen einzelnen Amtsbezirken, Gemeinden und Gutsbezirken zu überwachen.

Befugniß der Polizei.

Die Polizei kann zur Erfüllung der ihr gesetzlich gestellten Aufgaben gewisse Gebiete unter Androhung von Strafen durch Polizei-Verordnung allgemein regeln, daneben auch in gewisse Verhältnisse durch Polizei-Verfügung bestimmend eingreifen und diese durch Zwangsmaßregeln durchsetzen (Entsch. d. Ober-Verw.-Ger. v. 9. Januar 1884 — Bd. XI S. 365) und wegen Uebertretung von Polizei-Verordnungen vorläufig Strafen festzusetzen.

Die Polizeibehörden haben nur Leistungen im öffentlichen Interesse von denen zu fordern, welche dazu nach öffentlichem Rechte verpflichtet sind. (§ 3 des Polizei-Verw.-Ges. v. 11. März 1850.) Entsch. d. Ober-Verw.-Ger. v. 4. Dezember 1878 — Bd. IV S. 419.

Den Polizeibehörden liegt es ob, die Beobachtung der geltenden Polizei-Verordnungen zu überwachen; sie haben diese Polizei-Verordnungen durch polizeiliche Anordnungen auszuführen, dürfen dieselben aber nicht ergänzen, d. h. die Verpflichtungen der Bevölkerung über den Rahmen der Verordnung hinaus erweitern. Entsch. d. Ober-Verw.-Ger. v. 20. Dezember 1876 — Bd. I S. 399.

Unrichtig ist die Ansicht, daß unter den „Anstalten", welche die Polizei nach § 10 Tit. 17 Th. II A. L. R. zu treffen hat, nur gemeingültige Gesetze oder Polizeigesetze, nicht aber für den Einzelfall ohne die Unterlage einer polizeigesetzlichen Bestimmung erlassene Verfügungen und Anordnungen zu verstehen seien. (§§ 66, 71 Tit. 8 Th. I und § 10 Tit. 17 Th. II A. L. R.; § 20 des Polizeiverwaltungsgesetzes vom 11. März 1850.) Entsch. d. Ober-Verw.-Ger. v. 19. September 1883 — Bd. XII S. 391.

Die Polizeibehörde ist unter Umständen berechtigt, in das Privateigenthum einzelner bei vorhandenen Gefahren Nichtbetheiligter einzugreifen, um Gefahren zu beseitigen. Die Voraussetzungen für die Uebung dieser Befugniß sind aber, daß die Gefahr unmittelbar bevorstehend und daß sie auf keine andere Weise abzuwenden sei, als durch den Eingriff in das Eigenthum des Dritten, welcher sonst weder bei Erzeugung der Gefahr betheiligt, noch ihr vorzubeugen berufen ist. Entsch. des Ober-Verw.-Ger. v. 4. Januar 1881 — Bd. VII S. 354.

Unter „Gefahr“ im Sinne des § 10 Tit. 17 Th. II A. L. R. ist nicht allein eine dem Leben und der Gesundheit, sondern auch eine dem Vermögen der einzelnen drohende Gefahr zu verstehen. „Gefahr“ ist aber nicht gleichbedeutend mit „Nachtheil“ und insbesondere kann, wenn der Nachtheil von den freiwilligen Handlungen Dritter zu besorgen ist, derselbe — abgesehen von den Fällen, wo die öffentliche Ruhe, Sicherheit und Ordnung gefährdet ist — der Polizei nur dann Grund zum Einschreiten geben, wenn die in Frage stehenden Handlungen strafbar sind. Entsch. des Ober=Verw.=Ger. v. 15. September 1878 — Bd. IV S. 415.

Für die Wahrnehmung des öffentlichen Interesses seitens der Polizei bildet die rechtliche Grundlage § 10 Tit. 17 Th. II. A. L. R. (in Verbindung mit § 6 des Polizei=Verwaltungsgesetzes vom 11. März 1850), welcher u. A. auch die Abwendung einer dem Publikum oder einzelnen Mitgliedern desselben drohenden „Gefahr“ im Auge hat.

Der Begriff „Gefahr“ ist aber keineswegs gleichbedeutend mit „Nachtheil“ oder „Belästigung“, und es läßt sich überall da, wo der Nachweis einer Gefahr für Leib, Leben, Gesundheit oder Vermögen des Schützenden nicht zu erbringen ist, auch ein polizeiliches Einschreiten auf dieser Grundlage nicht rechtfertigen. Entsch. des Ober=Verw.=Ger. v. 27. April 1882 — Bd. IX S. 344.

Die Polizei ist befugt, in die freie Ausübung der privaten Vermögensrechte, insbesondere des Eigenthums und der dringlichen Rechte durch Gebot und Verbot zu Gunsten des gemeinen Wohles einzugreifen.

Ausschließlich dem pflichtmäßigen Ermessen der Polizei unterliegt die Frage, ob ein Eingreifen bei „eintretender Gefahr“ genügt, oder bereits bei „drohender Gefahr“ erforderlich ist, jedenfalls aber bleibt es Voraussetzung der Befugniß zum polizeilichen Einschreiten, daß die Gefahr eine „unmittelbar bevorstehende“, eine „imminente“ ist und daß sich dieselbe auf andere Weise nicht beseitigen läßt

(§§ 33, 34 Tit. 8 Th. I und § 10 Tit. 17 Th. II. A. L. R.; Art. 9 der Verfassung vom 31. Januar 1850; Enteignungsgesetz vom 11. Juli 1874; §§ 127, 128 L. V. G.; Entsch. Bd. VII S. 354.)

Das polizeiliche Eingreifen in Privatrechtsverhältnisse hat überall zur Voraussetzung, daß die mögliche Gefahr von dem Dritten bezw. dessen Besitz selbst ausgeht, daß sie für ihre Person oder Sache die Handhabe zum polizeilichen Einschreiten bieten. Entsch. des Ober-Verw.-Ger. v. 1. und 8. April 1885 — Bd. XII S. 397 und 401.

Die Beantwortung der Frage, ob in einem gegebenen Falle Gefahr im Verzuge sei, ist lediglich in das Ermessen der Polizeibehörde gestellt, und die Befugniß des Verwaltungsrichters geht mithin nicht so weit, auch hierüber entscheiden zu dürfen, vielmehr kann nur die Aufsichtsbehörde auf eingelegte Beschwerde in diesem Falle Remedur treffen. Entsch. des Ober-Verw.-Ger. v. 30. Juli 1880 — Bd. VI S. 220.

Ein Verzicht auf nachträgliche Geltendmachung dessen, was das öffentliche Interesse verlangt, ist, weil mit letzterem unverträglich, rechtlich unmöglich. Entsch. d. Ober-Verw.-Ger. Bd. II S. 422 und Bd. IV S. 373, sowie vom 9. Januar 1884 — Bd. XI S. 365.

Polizei-Verordnungen.

Das Recht zum Erlasse von Polizei-Verordnungen erscheint im Allgemeinen Landrecht (§ 6 Tit. 17 Th. II.) als Majestätsrecht.

Durch die Vorschriften der §§ 45, 40 der Verordnung vom 26. Dezember 1808 und des § 11 der Regierungs-Instruktion vom 23. Oktober 1817 wurde den Regierungen die Ermächtigung ertheilt, allgemeine Verbote und Strafverfügungen mit höherer Genehmigung zu erlassen. Das Gesetz über die Polizei-Verwaltung vom 11. März 1850

(§§ 5 bis 17) räumt dann den Polizeibehörden das Recht zum Erlasse von Polizei-Verordnungen ein; letzteres wurde durch die §§ 136 ff. des Gesetzes über die allgemeine Landesverwaltung vom 30. Juli 1883 erweitert.

Das den Polizeibehörden in ihren Polizei-Verordnungen selbst gewährte Ermessen darf jedoch kein „schrankenloses“ sein. Entsch. d. Ober-Verw.-Ger. v. 14. Juni 1882 — Bd. IX S. 354.

a. Begriff.

Polizei-Verordnungen sind gehörig publizirte, in Gemäßheit der Vorschriften der Gesetze erlassene polizeiliche Vorschriften (Verordnungen, Anordnungen, Reglements 2c.). Durch dieselben werden die Gegenstände der polizeilichen Fürsorge (§ 10 Tit. 17 Th. II A. L. R. und § 6 des Gesetzes über die Polizei-Verwaltung vom 11. März 1850) ganz allgemein und ohne Rücksicht auf einen grade vorliegenden Fall geregelt und richten sie sich an eine Gesammtheit unbestimmter Personen. Die Polizei-Verordnungen stehen den Gesetzen gleich und sind Rechtsquelle, denn in ihnen erscheint die Polizeibehörde, welche bei Erlaß derselben im allgemeinen, von Spezialgesetzen abgesehen, an den § 10 Tit. 17 Th. II A. L. R. und an das zu seiner Erläuterung und näheren Ausführung bestimmte Gesetz vom 11. März 1850 gebunden ist, als Gesetzgeberin.

b. Erlaß.

Polizei-Verordnungen können nach den §§ 5 bis 17 des Polizei-Verwaltungsgesetzes vom 11. März 1850 und § 136 ff. des Landes-Verwaltungsgesetzes vom 30. Juli 1883 erlassen werden: 1. von den Ministern, soweit die Gesetze auf den Erlaß besonderer polizeilicher Vorschriften durch die Zentralbehörden ausdrücklich verweisen, innerhalb ihres Ressorts für den Umfang der Monarchie oder für einzelne Theile derselben, sowie von dem Minister der öffentlichen Arbeiten hinsichtlich der Uebertretung der Vorschriften des Eisenbahnpolizei-Reglements, und von dem Minister für Handel und Gewerbe in Betreff der zur Regelung der Strom- 2c. Polizei zu erlassenden Vorschriften, sofern dieselben sich über das Gebiet einer Provinz erstrecken sollen, mit Strafandrohung bis zu 100 Mark; 2. von dem Ober- und Regierungs-Präsidenten über alle im Interesse des Bezirks zu regelnden Gegenstände unter Zustimmung des Provinzialrathes bezw. Bezirks-Ausschusses — in eiligen Fällen auch vorbehaltlich der Einholung derselben innerhalb dreier Monate — mit Strafandrohung bis zu 60 Mark; 3. vom Landrath unter Zustimmung des Kreis-Ausschusses für den ganzen Umfang des Kreises mit Strafandrohung bis zu 30 Mark; 4. von der Ortspolizeibehörde, welche in den Städten bei allen nicht in das Gebiet der Sicherheitspolizei fallenden Gegenständen der Zustimmung des Gemeindevorstandes, in den Amtsbezirken des Amtsausschusses bedarf (§ 62 Kreis-Ordn.), mit einem Strafmaße von 9 Mark, bei Zustimmung des Regierungs-Präsidenten und in Stadtkreisen von 30 Mark. In den Provinzen Preußens, in welchen die neuen Verwaltungsgesetze noch nicht eingeführt sind, wohnt das Polizei-Verordnungsrecht nur den Regierungen und Ortspolizei-Behörden bei.

c. Gegenstand.

Zu den Gegenständen der ortspolizeilichen Vorschriften gehören nach § 6 des Polizei-Verwaltungsgesetzes vom 11. März 1850: a. der Schutz der Personen und des Eigenthumes; b. Ordnung, Sicherheit und Leichtigkeit des Verkehrs auf öffentlichen Straßen, Wegen und Plätzen, Brücken, Ufern und Gewässern; c. der Marktverkehr und das öffentliche Feilhalten von Nahrungsmitteln; d. Ordnung und Gesetzlichkeit bei dem öffentlichen Zusammensein einer größeren Anzahl von Personen; e. das öffentliche Interesse in Bezug auf die Aufnahme und Beherbergung von Fremden; die Wein-, Bier- und Kaffee-Wirthschaften und sonstige Einrichtungen zur Verabreichung von Speisen und Getränken; f. Sorge für Leben und Gesundheit; g. Fürsorge gegen Feuersgefahr bei Bauausführungen, sowie gegen gemeinschädliche und gemeingefährliche Handlungen, Unternehmungen und Ereignisse überhaupt; h. Schutz der Felder, Wiesen, Weiden, Wälder, Baumpflanzungen, Weinberge rc.; i. alles Andere, was im besonderen Interesse der Gemeinden und ihrer Angehörigen polizeilich geordnet werden muß.

d. Anfechtung.

Mittelst Klage oder Beschwerde (§ 127 ff. des Landesverwaltungsgesetzes vom 30. Juli 1883 können Polizei-Verordnungen nicht angefochten werden. Wer sich durch eine Polizei-Verordnung beschwert erachtet, kann sich nur mit dem Antrage auf Aufhebung derselben an die dafür zuständige Instanz (145 a. a. O.) wenden. Die Rechtskontrole bezüglich der Polizei-Verordnungen erfolgt indirekt und zwar, wenn es sich um Strafen wegen Zuwiderhandlung gegen dieselben handelt, durch den Polizeirichter (§ 17 des Polizeiverwaltungsgesetzes vom 11. März 1870), oder wenn eine polizeiliche Verfügung sich auf eine Polizei-Verordnung stützt oder behauptet wird, daß sie derselben zuwiderlaufe, durch den Verwaltungsrichter. Der letztere hat in diesem Falle gleich dem Polizeirichter nur die gesetzliche Gültigkeit, nicht aber die Nothwendigkeit und Zweckmäßigkeit zu prüfen. (§ 127. Abs. 3. des Landesverwaltungsgesetzes; vergl. auch Entsch. d. Ober-Verw.-Ger., Bd. VIII S. 292. und v. 10. Juni 1880 Bd. IX S. 363).

e. Außerkraftsetzung.

Der Minister kann alle polizeilichen, der Regierungspräsident unter Zustimmung des Bezirksausschusses die Kreis- und ortspolizeilichen Vorschriften außer Kraft setzen. (§ 145 des Landesverwaltungsgesetzes).

Polizei-Verfügungen.

a. Begriff.

Polizei-Verfügungen sind — im Gegensatze zu allgemeinen Polizei-Vorschriften — Verfügungen, welche von der Behörde kraft der ihr übertragenen Polizeigewalt zu polizeilichen Zwecken erlassen werden und an bestimmte (physische oder moralische) Personen gerichtet sind. Sie enthalten entweder ein Gebot (Anordnung einer Handlung) oder ein Verbot (Anordnung einer Unterlassung). Aber auch wenn die Polizeibehörde, ohne ein Gebot oder Verbot an die Betheiligten zu erlassen, unmittelbar thatsächlich eingreift, enthält ein solches Vorgehen eine polizeiliche Verfügung im Sinne des § 127 des Landes-Verwaltungsgesetzes vom 30. Juli 1883. Nach der Rechtsprechung des Ober-Verwaltungsgerichts sind ferner als polizeiliche Verfügungen auch solche Bescheide der Polizeibehörde anzusehen, durch welche die zu gewissen Handlungen oder Thätigkeiten erforderliche polizeiliche Erlaubniß (Genehmigung, Konzession 2c.) ertheilt oder versagt wird. (Vergl. Entsch. des Ober-Verw.-Ger. Bd. II S. 353, Bd. III S. 215, Bd. IV S. 229).

Alles, was Gegenstand einer Polizei-Verordnung sein kann, darf auch zum Gegenstande der polizeilichen Einzelverfügung gemacht werden. Entsch. Bd. I S. 322, Bd. II S. 427.

Die gesetzliche Befugniß der Polizeibehörden, nicht nur allgemein durch Polizei-Verordnungen, sondern auch durch Einzelverfügungen dasjenige anzuordnen, was zur Erfüllung ihrer Aufgabe erforderlich ist, wird durch den die Aufgabe der Polizei dem Gegenstande nach bestimmenden § 10 Tit. 17 Th. II A. L. R. begründet, soweit nicht für einzelne Gebiete die Zuständigkeit anderer Behörden bestimmt ist. Entsch. des Ober-Verw.-Ger. v. 9. Januar 1884 — Bd. XI S. 365.

Für die Frage, ob eine Verfügung eine polizeiliche ist, kommt vorzugsweise in Betracht, ob die Verfügung sich in ihrer äußeren Form als eine polizeiliche Verfügung darstellt und ob die Polizeibehörde die Absicht hatte, die Verfügung in Ausübung ihrer Polizeigewalt zu erlassen (vgl. Entsch. d. Ober-Verw.-Ger. Bd. IV S. 393). Es fällt im Uebrigen nicht jeder Bescheid, geschweige denn jede Amtshandlung der Polizeibehörde unter den Begriff einer polizeilichen Verfügung. Insbesondere gehören dahin nicht Bescheide, durch welche die Behörde das polizeiliche Einschreiten, den Erlaß oder die Durchführung einer polizeilichen Anordnung ablehnt. Gegen solche Bescheide findet nur die an eine Frist nicht gebundene Beschwerde an die vorgesetzte Dienstbehörde (Aufsichtsbehörde) statt. (Vergl. Entsch. d. Ober-Verw.-Ger. Bd. II S. 354, Bd. III S. 215, Bd. IV S. 230, Bd. V S. 265, Bd. VI S. 237.)

Zu den polizeilichen Verfügungen gehören nicht solche, mit welchen die Polizeibehörde, von eigener sachlicher Prüfung und Entscheidung absehend, lediglich die Anordnungen oder Aufträge anderer Behörden zur Ausführung bringt. Entsch. d. Ober-Verw.-Ger. Bd. VI S. 355.

Die Polizei-Verordnung will ähnlich dem Strafgesetze eine Rechtsverletzung sühnen, die Polizei-Verfügung ihr vorbeugen, indem sie eine bestimmte Handlung oder Unterlassung herbeiführt.

Unter den im Reichsstrafgesetzbuche mehrfach erwähnten „polizeilichen Vorschriften" sind nicht lediglich die im Gesetz vom 11. März 1850, §§ 6 und 11 gedachten Polizei-Vorschriften (Polizei-Verordnungen) zu verstehen, sondern alle polizeilichen Einzelverfügungen. Entsch. d. Ober-Verw.-Ger. v. 10. November 1877 — Bd. III S. 338.

Eine wirkliche ortspolizeiliche Verfügung hört nicht deshalb auf eine solche zu sein, wenn sie im Auftrage der Aufsichtsbehörde erlassen worden ist. Entsch. d. Ober-Verw.-Ger. v. 27. April 1882 — Bd. IX S. 344.

b. Anfechtung.

Hiervon handelt hauptsächlich

Titel IV des Landesverwaltungsgesetzes vom 30. Juli 1883.

Beschwerde gegen orts- und kreispolizeiliche Verfügungen und dann Klage beim Ober-Verwaltungs-Gericht.

§ 127. Gegen polizeiliche Verfügungen der Orts- und Kreispolizeibehörden findet, soweit das Gesetz nicht ausdrücklich Anderes bestimmt, die Beschwerde statt, und zwar:

a. gegen Verfügungen der Ortspolizeibehörden auf dem Lande oder einer zu einem Landkreise gehörigen Stadt, deren Einwohnerzahl bis zu 10000 Einwohnern beträgt, an den Landrath, und gegen dessen Bescheid an den Regierungspräsidenten;

b. gegen die Verfügungen der Ortspolizeibehörden eines Stadtkreises, mit Ausnahme von Berlin, einer zu einem Landkreise gehörigen Stadt mit mehr als 10000 Einwohnern, oder des Landraths an den Regierungs-Präsidenten, und gegen dessen Bescheid an den Oberpräsidenten;

c. gegen ortspolizeiliche Verfügungen in Berlin an den Oberpräsidenten.

Gegen den in letzter Instanz ergangenen Bescheid des Regierungs-Präsidenten bezw. des Oberpräsidenten findet die Klage bei dem Ober-Verwaltungsgerichte statt.

Die Klage kann nur darauf gestützt werden,

1. daß der angefochtene Bescheid durch Nichtanwendung oder unrichtige Anwendung des bestehenden Rechtes, insbesondere auch der von den Behörden innerhalb ihrer Zuständigkeit erlassenen Verordnungen den Kläger in seinen Rechten verletze;

2. daß die thatsächlichen Voraussetzungen nicht vorhanden seien, welche die Polizeibehörde zum Erlaß der Verfügung berechtigt haben würden.

Die Prüfung der Gesetzmäßigkeit der angefochtenen polizeilichen Verfügung erstreckt sich auch auf diejenigen Fälle, in welchen bisher nach § 2 des Gesetzes vom 11. Mai 1842 der ordentliche Rechtsweg zulässig war.

Die Entscheidung ist endgültig, unbeschadet aller privatrechtlichen Verhältnisse.

Gegen Bescheide, durch welche die Behörde das polizeiliche Einschreiten ablehnt und welche nicht als polizeiliche Verfügungen anzusehen sind, findet nur die an eine Frist nicht gebundene Beschwerde an die vorgesetzte Dienst- (Aufsichts-) Behörde statt. Entsch. d. Ober-Verw.-Ger. Bd. II S. 354, Bd. III S. 215, Bd. IV S. 230, Bd. V S. 265 und Bd. VI S. 237.

In dem Verfahren zur Anfechtung von Verfügungen der Ortspolizeibehörden der Stadtkreise (ausschließlich Berlin), der Städte mit mehr als 10 000 Einwohnern und der Landräthe ist das Rechtsmittel der Beschwerde (nicht der den Schluß des Verfahrens an das Ober-Verwaltungs-Gericht bildenden Klage) bei den verfügenden Behörden, die weitere Beschwerde an den Oberpräsidenten gegen den abweisenden Bescheid des Regierungs-Präsidenten bei dem letzteren und nicht etwa bei der Ortspolizeibehörde anzubringen, weil die Verwaltung in allen ihren Instanzen als eine einheitliche Behörde aufzufassen ist, so daß der Bescheid der Beschwerdeinstanz für das weitere Verfahren an die Stelle der angefochtenen polizeilichen Verfügung als Gegenstand der weiteren Beschwerde tritt und daher schließlich nach Erledigung der Verwaltungsinstanz die Klage nicht gegen die orts- oder kreispolizeiliche Verfügung, sondern gegen den Bescheid des Regierungs- bezw. Ober-Präsidenten gegeben ist. Entsch. d. Ober-Verw.-Ger. v. 9. September 1882 — Bd. IX S. 389.

Die Berechtigung der Polizei, eine polizeiliche Anordnung nach freiem, durch keine bestimmten Normen begrenzten Ermessen zu treffen, schließt nicht in sich die Zulässigkeit der Willkür oder Chikane oder sonstiger Pflichtwidrigkeit; sie darf nicht die äußersten ihrem Ermessen gezogenen Grenzen überschreiten. Entsch. d. Ober-Verw.-Ger. v. 21. März 1877 — Bd. II S. 390, — v. 30. Juli 1880 — Bd. VI S. 220 — und v. 27. April 1881 — Bd. VII S. 305.

Die Klage ist auf bestimmte Fundamente (Rechts- oder Sachwidrigkeit, § 127, Nr. 1 und 2) beschränkt.

Die Klage ist gemäß § 63 des Landes-Verwaltungs-Gesetzes bei dem Ober-Verwaltungs-Gericht anzubringen.

Die Vorschrift des § 129 Abs. 1 des L.=V.=G. bezieht sich nicht auf diese Klage. Entsch. des Ober=Verw.=Ger. Bd. III S. 359, Bd. IV S. 151.

Die bloße Berührung subjektiver Interessen von den Wirkungen polizeilicher Verfügungen gewährt kein Klagerecht im Verwaltungs=Streitverfahren gemäß § 127 des Landes=Verwaltungsgesetzes vom 30. Juli 1883, vielmehr ist die Voraussetzung der Klage die Rechtsverletzung, der Eingriff in subjektive Rechte, welche als ungesetzlich und rechtswidrig angefochten wird. Entsch. d. Ober=Verw.=Ger. vom 17. Dezember 1881 — Bd. IX S. 400 — (vgl. auch Entsch. Bd. IV S. 233).

Der Verwaltungsrichter hat nur zu prüfen, ob die Behörde zum Erlasse der „Verordnungen", worunter alle Arten allgemein verbindlicher Verwaltungsnormen zu verstehen sind, überhaupt zuständig war, bezw. ob z. B. bei Polizei=Verordnungen der Erlaß in der vorgeschriebenen Form erfolgt ist, und den Gesetzen nicht widerspricht, nicht aber, ob die Verordnung nothwendig, zweckmäßig oder angemessen ist. Entsch. d. Ober=Verw.=Ger. Bd. II S. 392, Bd. VIII S. 331 und Bd. IX S. 353.

Der Verwaltungsrichter ist unter keinen Umständen befugt, die Prüfung einer im Wege der Klage angefochtenen Verfügung bis zu einer freien Würdigung der Nothwendigkeit, Angemessenheit und Zweckmäßigkeit auszudehnen. Eine solche Prüfung kann nur die Aufsichtsbehörde in der Instanz der Wahlbeschwerde vornehmen. Entsch. d. Ober=Verw.=Ger. v. 30. Juli 1880 — Bd. VI S. 220.

Klage gegen orts= und kreispolizeiliche Verfügungen.

§ 128. An Stelle der Beschwerde in allen Fällen des § 127 findet die Klage statt, und zwar:

a. gegen die Verfügungen der Ortspolizeibehörden auf dem Lande oder einer zu einem Landkreise gehörigen Stadt, deren Einwohnerzahl bis zu 10000 Einwohnern beträgt, bei dem Kreisausschusse;

b. gegen die Verfügungen des Landraths oder der Ortspolizeibehörden eines Stadtkreises oder einer zu einem Landkreise gehörigen Stadt mit mehr als 10000 Einwohnern bei dem Bezirks-Ausschusse.

Die Klage kann nur auf die gleichen Behauptungen gestützt werden, wie die Klage bei dem Ober-Verwaltungs-Gericht (§ 127 Abs. 3 und 4).

Für die Zulässigkeit des Rechtsmittels (Beschwerde oder Klage) ist es ohne Einfluß, ob die Polizeibehörde die anzufechtende Verfügung aus eigener Entschließung oder auf Anweisung oder Ermächtigung einer vorgesetzten Behörde, immerhin aber kraft eigener Zuständigkeit erlassen hat. Entsch. d. Ober-Verw.-Ger. Bd. IV S. 347, Bd. V S. 358, Bd. VIII S. 249 und 382 und Bd. IX S. 344.

Legitimirt zur Einlegung eines Rechtsmittels gegen eine polizeiliche Verfügung ist zunächst derjenige, an den die Verfügung gerichtet ist, sodann auch jeder Dritte, dessen Person oder Vermögen durch die Verfügung berührt wird, nicht aber Jedermann, welcher die Verfügung — objektiv — für ungerechtfertigt hält. Entsch. d. Ober-Verw.-Ger. v. 9. Mai 1876 — Bd. I S. 327, Bd. III S. 222, Bd. V S. 412, Bd. VII S. 312.

Anbringung der Beschwerde und Klage.

§ 129. Die Beschwerde im Falle des § 127 Absatz 1 und die Klage im Falle des § 128 sind bei derjenigen Behörde anzubringen, gegen deren Verfügung sie gerichtet sind.

Die Behörde, bei welcher die Beschwerde oder Klage angebracht ist, hat dieselbe an diejenige Behörde abzugeben, welche darüber zu beschließen oder zu entscheiden hat. Der Beschwerdeführer bezw. Kläger ist hiervon in Kenntniß zu setzen.

Die Frist zur Einlegung der Beschwerde und zur Anbringung der Klage gegen die polizeiliche Verfügung, sowie gegen den auf Beschwerde ergangenen Bescheid beträgt zwei Wochen.

Die Anbringung des einen Rechtsmittels schließt das andere aus. Ist die Schrift, mittelst deren das Rechtsmittel angebracht wird, nicht als Klage bezeichnet oder enthält dieselbe nicht ausdrücklich den Antrag auf Entscheidung im Verwaltungs-Streitverfahren, so gilt dieselbe als Beschwerde. Bei gleichzeitiger Anbringung beider Rechtsmittel ist nur der Beschwerde Fortgang zu geben. Das hiernach unzulässigerweise angebrachte Rechtsmittel ist durch Verfügung der im

Absatz 1 bezeichneten Behörde zurückzuweisen. Gegen die zurückweisende Verfügung findet innerhalb zwei Wochen die Beschwerde an die zur Entscheidung auf die Klage berufene Behörde statt.

Wird die Beschwerde oder Klage der Vorschrift des ersten Absatzes zuwider innerhalb der gesetzlichen Frist bei derjenigen Behörde angebracht, welche zur Beschlußfassung oder Entscheidung darüber zuständig ist, so gilt die Frist als gewahrt. Die Beschwerde oder Klage ist in solchen Fällen von der angerufenen Behörde zur weiteren Veranlassung an diejenige Behörde abzugeben, gegen deren Beschluß sie gerichtet ist.

Beschwerde gegen polizeiliche Verfügungen des Regierungs-Präsidenten. Klage gegen den Oberpräsidenten.

§ 130. Gegen polizeiliche Verfügungen des Regierungs-Präsidenten findet innerhalb zwei Wochen die Beschwerde an den Oberpräsidenten und gegen den vom Oberpräsidenten auf die Beschwerde erlassenen Bescheid innerhalb gleicher Frist die Klage bei dem Ober-Verwaltungs-Gericht nach Maßgabe der Bestimmungen des § 127 Absatz 3 und 4 statt.*)

Gegen polizeiliche Verfügungen des Regierungs-Präsidenten in Sigmaringen findet innerhalb zwei Wochen unmittelbar die Klage bei dem Ober-Verwaltungs-Gerichte statt.

Gegen die Landesverweisung steht Personen, welche nicht Reichsangehörige sind, die Klage nicht zu.

§ 131. Der § 6 des Gesetzes vom 11. Mai 1842 findet auch Anwendung, wenn eine polizeiliche Verfügung im Verwaltungs-Streitverfahren durch rechtskräftiges Endurtheil aufgehoben worden ist.

Zwangsbefugnisse der Polizeibehörden.

Von denselben handelt Titel V des Landes-Verwaltungs-Gesetzes vom 30. Juli 1883.

Androhung und Festsetzung von polizeilichen Zwangsmitteln.

§ 132. Der Regierungs-Präsident, der Landrath, die Ortspolizeibehörde und der Gemeinde- (Guts-) Vorsteher (-Vorstand) sind berechtigt, die von ihnen in Ausübung der obrigkeitlichen Gewalt

---

*) Die Beschwerde ist in dem Falle des § 130 bei dem Oberpräsidenten, die Klage bei dem Ober-Verwaltungs-Gerichte anzubringen.

getroffenen, durch ihre gesetzlichen Befugnisse gerechtfertigten Anordnungen, durch Anwendung folgender Zwangsmittel durchzusetzen:

1. Die Behörde hat, sofern es thunlich ist, die zu erzwingende Handlung durch einen Dritten ausführen zu lassen und den vorläufig zu bestimmenden Kostenbetrag im Zwangswege von den Verpflichteten einzuziehen.
2. Kann die zu erzwingende Handlung nicht durch einen Dritten geleistet werden, — oder steht es fest, daß der Verpflichtete nicht im Stande ist, die aus der Ausführung durch einen Dritten entstehenden Kosten zu tragen, — oder soll eine Unterlassung erzwungen werden, so sind die Behörden berechtigt, Geldstrafen anzudrohen und festzusetzen, und zwar:

a. die Gemeinde- (Guts-) Vorsteher bis zur Höhe von fünf Mark;
b. die Ortspolizeibehörden und die städtischen Gemeinde-Vorsteher (-Vorstände) in einem Landkreise bis zur Höhe von sechszig Mark;
c. die Landräthe, sowie die Polizeibehörden und Gemeinde-Vorsteher (-Vorstände) in einem Stadtkreise bis zur Höhe von einhundertfünfzig Mark;
d. der Regierungs-Präsident bis zur Höhe von dreihundert Mark.

Gleichzeitig ist nach Maßgabe der §§ 28, 29 des Strafgesetzbuchs für das Deutsche Reich die Dauer der Haft festzusetzen, welche für den Fall des Unvermögens an die Stelle der Geldstrafe treten soll. Der Höchstbetrag dieser Haft ist

in den Fällen zu a = Ein Tag,
" " " " b = Eine Woche,
" " " " c = Zwei Wochen,
" " " " d = Vier Wochen.

Der Ausführung durch einen Dritten (Nr. 1), sowie der Festsetzung einer Strafe (Nr. 2) muß immer eine schriftliche Androhung vorhergehen; in dieser ist, sofern eine Handlung erzwungen werden soll, die Frist zu bestimmen, innerhalb welcher die Ausführung gefordert wird.

3. Unmittelbarer Zwang darf nur angewendet werden, wenn die Androhung ohne einen solchen unausführbar ist.

§ 133. Gegen die Androhung eines Zwangsmittels finden dieselben Rechtsmittel statt, wie gegen die Anordnungen, um deren Durchsetzung es sich handelt. Die Rechtsmittel erstrecken sich zugleich auf diese Anordnungen, sofern dieselben nicht bereits Gegenstand eines besonderen Beschwerde- oder Verwaltungs-Streitverfahrens geworden sind.

Gegen die Festsetzung und Androhung eines Zwangsmittels findet in allen Fällen nur die Beschwerde im Aufsichtswege innerhalb zwei Wochen statt.

Die Androhung eines Zwangsmittels muß eine schriftliche sein und kann nicht durch die Androhung zu Protokoll ersetzt werden. Entsch. d. Ober-Verw.-Ger. Bd. II S. 394, Bd. IV S. 394.

Wenn Jemand eine polizeiliche Anordnung ruhig über sich ergehen und auch die Anfechtungsfrist verstreichen läßt, und die Polizeibehörde dann ein Zwangsmittel androht, so hat, wenn er dagegen die Klage oder Beschwerde einlegt, im ersteren Falle der Verwaltungsrichter ungeachtet der Fristversäumniß die Anordnung in dem ihm verstatteten Umfange ebenfalls noch zu prüfen. Hat aber der Betroffene sogleich gegen die Anordnung ohne Erfolg ein Rechtsmittel ergriffen und handelt es sich sodann behufs Durchführung dieser Anordnung um die Beurtheilung einer Androhung, so kann bei dieser Gelegenheit selbstredend die schon erledigte Klage über die Anordnung nicht noch einmal zum Gegenstande richterlicher Erwägungen gemacht werden. Entsch. d. Ober-Verw.-Ger. v. 9. Juni 1877 — Bd. II S. 416 — (s. Parey, Rechtsgrundsätze des Ober-Verw.-Ger. S. 223).

Nur gegen die Anordnung und Androhung eines Zwangsmittels finden die Wahlklage und die Wahlbeschwerde statt. Wird die Androhung angefochten, so unterliegt auch die Anordnung einer Nachprüfung, selbst wenn die für die Anbringung des Rechtsmittels gegen die Anordnung vorgeschriebene Frist bereits verstrichen sein sollte. Gegen die Festsetzung und Ausführung des Zwangsmittels findet nur die Beschwerde an die Aufsichtsinstanzen statt. Entsch. d. Ober-Verw.-Ger. v. 30. Juli 1880 — Bd. VI S. 220.

Die Festsetzung angedrohter Geldstrafen ist unzulässig, wenn die zu erzwingende Handlung nicht mehr geleistet werden kann, sei es, daß dieselbe bereits geleistet ist oder daß die Leistung unmöglich geworden ist.

Ist die Absicht der Polizeibehörde durch einen Dritten mit Sicherheit nicht zu erreichen, so ist die Behörde berechtigt, die Handlung durch Geldstrafen zu erzwingen. Entsch. d. Ober-Verw.-Ger. v. 31. Januar 1877 — Bd. II S. 383.

Die Zulässigkeit der Straffestsetzung ist davon abhängig, daß die zu erzwingende Handlung noch geschehen **kann**. Ist sie schon geleistet oder aus einem anderen Grunde unmöglich geworden, so muß die Straffestsetzung als gegenstandslos unterbleiben. Entsch. d. Ober=Verw.=Ger. v. 14. März 1877 — Bd. II S. 387.

Vorläufige Straffestsetzung wegen Uebertretung von Polizei=Verordnungen.

A. Einführungsgesetz zur deutschen Strafprozeß=Ordnung vom 1. Februar 1877:

§ 3. Die Strafprozeß=Ordnung findet auf alle Strafsachen Anwendung, welche vor die ordentlichen Gerichte gehören.

§ 6. Die prozeßrechtlichen Vorschriften der Landes=Gesetze treten für alle Strafsachen, deren Entscheidung in Gemäßheit des § 3 nach den Vorschriften der Strafprozeß=Ordnung zu erfolgen hat, außer Kraft, insoweit nicht in der Strafprozeß=Ordnung auf sie verwiesen ist.

Unberührt bleiben die landesgesetzlichen Bestimmungen:

2c.

3. über das Verfahren im Verwaltungswege bei Uebertretungen, wegen deren die Polizeibehörden zum Erlaß einer Straf=Verfügung befugt sind, und bei Zuwiderhandlungen gegen die Vorschriften über die Erhebung öffentlicher Abgaben und Gefälle, insoweit nicht die §§ 453, 454, 455—463 der Strafprozeß=Ordnung abändernde Bestimmungen treffen.

Diese abändernden Bestimmungen lauten im sechsten Buch der deutschen Strafprozeß=Ordnung:

Abschnitt 2.

B. Verfahren nach vorangegangener polizeilicher Straf=Verfügung.

§ 453. Wo nach den Bestimmungen der Landes=Gesetze die Polizeibehörden befugt sind, eine in den Strafgesetzen angedrohte Strafe durch Verfügung festzusetzen, erstreckt sich diese Befugniß nur auf Uebertretungen.

Auch kann die Polizeibehörde keine andere Strafe als Haft bis zu vierzehn Tagen oder Geldstrafe und diejenige Haft, welche für den Fall, daß die Geldstrafe nicht beigetrieben werden kann, an die Stelle der letzteren tritt, sowie eine etwa verwirkte Einziehung verhängen.

Die Straf-Verfügung muß außer der Festsetzung der Strafe die strafbare Handlung, das angewendete Strafgesetz und die Beweismittel bezeichnen, auch die Eröffnung enthalten, daß der Beschuldigte, sofern er nicht eine nach den Gesetzen zugelassene Beschwerde an die höhere Polizeibehörde ergreife, gegen die Straf-Verfügung binnen einer Woche nach der Bekanntmachung bei der Polizeibehörde, welche diese Verfügung erlassen hat, oder bei dem zuständigen Amtsgericht auf gerichtliche Entscheidung antragen könne.

Die Straf-Verfügung wirkt in Betreff der Unterbrechung der Verjährung wie eine richterliche Handlung.

§ 454. Der Antrag auf gerichtliche Entscheidung kann bei der Polizeibehörde schriftlich oder mündlich, bei dem Amtsgerichte schriftlich oder zu Protokoll des Gerichtsschreibers angebracht werden.

Die Polizeibehörde übersendet, falls sie nicht die Straf-Verfügung zurücknimmt, die Akten an die zuständige Staats-Anwaltschaft, welche sie dem Amtsrichter vorlegt.

§ 455. Gegen die Versäumung der Antragsfrist ist unter den in den §§ 44, 45*) bezeichneten Voraussetzungen Wiedereinsetzung in den vorigen Stand zulässig. Das Gesuch ist bei einer der im § 454 Abs. 1 genannten Behörden anzubringen.

Ueber das Gesuch entscheidet der Amtsrichter.

Die Bestimmungen des § 46, Abs. 2, 3**) finden hier gleichfalls Anwendung.

---

*) § 44. Gegen die Versäumniß einer Frist kann die Wiedereinsetzung in den vorigen Stand beansprucht werden, wenn der Antragsteller durch Naturereignisse oder durch unabwendbare Zufälle an der Einhaltung der Frist verhindert worden ist. Als unabwendbarer Zufall ist es anzusehen, wenn der Antragsteller von einer Zustellung ohne sein Verschulden keine Kenntniß erlangt hat.

§ 45. Das Gesuch um Wiedereinsetzung in den vorigen Stand muß binnen einer Woche nach Beseitigung des Hindernisses bei demjenigen Gerichte, bei welchem die Frist wahrzunehmen gewesen wäre, unter Angabe und Glaubhaftmachung der Versäumnißgründe angebracht werden.

Mit dem Gesuche ist zugleich die versäumte Handlung selbst nachzuholen.

**) § 46. 2c. Die dem Gesuche stattgebende Entscheidung unterliegt keiner Anfechtung. Gegen die das Gesuch verwerfende Entscheidung findet sofortige Beschwerde statt.

§ 456. Ist der Antrag rechtzeitig angebracht, so wird zur Hauptverhandlung vor dem Schöffengerichte geschritten, ohne daß es der Einreichung einer Anklageschrift oder einer Entscheidung über die Eröffnung des Hauptverfahrens bedarf.

Bis zum Beginne der Hauptverhandlung kann der Antrag zurückgenommen werden.

§ 457. Das Verfahren vor dem Schöffengerichte ist dasselbe wie im Falle einer von der Staats-Anwaltschaft erhobenen und zur Hauptverhandlung verwiesenen Anklage.

Der Angeklagte kann sich durch einen mit schriftlicher Vollmacht versehenen Vertheidiger vertreten lassen.

Bei der Urtheilsfällung ist das Gericht an den Ausspruch der Polizeibehörde nicht gebunden.

§ 458. Stellt sich nach dem Ergebnisse der Hauptverhandlung die That des Angeklagten als eine solche dar, bei welcher die Polizeibehörde zum Erlaß einer Straf-Verfügung nicht befugt war, so hat das Gericht die letztere durch Urtheil aufzuheben, ohne in der Sache selbst zu entscheiden.

In Preußen gelten als solche Landesgesetze (§ 453):

C. Das Gesetz, betr. den Erlaß vorläufiger Strafverfügungen v. 23. April 1883 (G.-S. S. 65).

Dasselbe bestimmt:

§ 1. Wer die Polizei-Verwaltung in einem bestimmten Bezirke auszuüben hat, ist befugt, wegen der in diesem Bezirke verübten, in seinen Verwaltungsbereich fallenden Uebertretungen Strafen zu verhängen.

Die polizeiliche Strafverfügung ist auch gegen Beschuldigte im Alter von 12 bis 18 Jahren zulässig.

Wird Geldstrafe festgesetzt, so ist zugleich die für den Fall des Unvermögens an die Stelle der Geldstrafe tretende Haft zu bestimmen.

Die festzusetzende Geldstrafe darf den Betrag von 30 Mark, die Haft, auch wenn sie an Stelle einer nicht beizutreibenden Geldstrafe tritt, die Dauer von drei Tagen nicht überschreiten. Erachtet der Polizei-Verwalter eine höhere Strafe für gerechtfertigt, so muß die Verfolgung dem Amtsanwalte überlassen werden.

§ 3. Der Beschuldigte kann gegen die Strafverfügung binnen einer Woche nach der Bekanntmachung in Gemäßheit der Straf-Prozeß-Ordnung auf gerichtliche Entscheidung antragen.

§ 4. Die Strafverfügung muß außer der Festsetzung der Strafe die strafbare Handlung, Zeit und Ort derselben, die angewendete Strafvorschrift und die Beweismittel, sowie die Kasse bezeichnen, an welche die Geldstrafe zu zahlen ist. Sie muß die Eröffnung enthalten:

a. daß der Beschuldigte binnen einer Woche nach der Bekanntmachung auf gerichtliche Entscheidung antragen könne,
b. daß der Antrag entweder bei der Polizeibehörde, welche die Strafverfügung erlassen hat, oder bei dem zuständigen Amtsgerichte anzubringen sei,
c. daß die Strafverfügung, falls innerhalb der bestimmten Frist ein Antrag auf gerichtliche Entscheidung nicht erfolgt, vollstreckbar werde.

§ 8. Ist der Amtsanwalt eingeschritten, bevor die polizeiliche Strafverfügung dem Beschuldigten behändigt worden, so ist die letztere wirkungslos.

§ 9. Wird bei dem Amtsgerichte auf gerichtliche Entscheidung angetragen, so ist dem Antragsteller eine Bescheinigung*) hierüber kostenfrei zu ertheilen.

§ 10. Ist die polizeiliche Strafverfügung vollstreckbar geworden, so findet wegen derselben Handlung eine fernere Anschuldigung nicht statt, es sei denn, daß die Handlung keine Uebertretung, sondern ein Vergehen oder Verbrechen darstellt und daher die Polizeibehörde ihre Zuständigkeit überschritten hat.

In diesem Falle ist während des gerichtlichen Verfahrens die Vollstreckung der Strafverfügung einzustellen; erfolgt eine rechtskräftige Verurtheilung wegen eines Vergehens oder Verbrechens, so tritt die Strafverfügung außer Kraft.

§ 12. Das Gesetz tritt am 1. Juli 1883 in Kraft.

D. Die Kreis-Ordnung für die Provinzen Ost- und Westpreußen, Brandenburg, Pommern, Schlesien und Sachsen vom 13. Dezember 1872.

§ 63. Der Amtsvorsteher hat in den seiner Verwaltung anheim fallenden Angelegenheiten das Recht der vorläufigen Straffestsetzung nach den Vorschriften des Gesetzes vom 14. Mai 1852.**)

---

*) Die Ertheilung der Bescheinigung erfolgt durch den Gerichtsschreiber. (Reſk. des Min. des Innern vom 9. Juli 1883 — S. V. X. S. 264).

**) Jetzt Gesetz vom 23. April 1883.

Baupolizei.

Zu den besonderen Zweigen der Polizei gehört die Baupolizei, deren Ausübung nach § 10 Tit. 17 Th. II A. L. R. und dem § 6 des Gesetzes über die Polizei-Verwaltung vom 11. März 1850 den Orts-Polizeibehörden obliegt.

Das Gebiet der „Baupolizei" ist zwar nicht scharf begrenzt, denn neben baupolizeilichen Gesichtspunkten im engeren (bautechnischen) Sinne machen sich noch anderweite polizeiliche Interessen, namentlich solche der Feuerpolizei und der Gesundheitspflege geltend und die Baupolizei-Verordnungen greifen, namentlich insoweit es sich bei einem Bau um Nebenanlagen handelt, nicht selten aus dem eigentlichen engern baupolizeilichen Gebiete in verwandte polizeiliche Gebiete hinüber, so z. B. die Polizei-Verordnungen, welche u. A. das Setzen von Bäumen, Pfählen u. s. w., die Einrichtung der Bürgersteige, die Anlegung von Wasserabzügen nach den Straßen, die Anlegung von Rinnsteinbrücken u. s. w. regeln, auch bezieht sich die Baupolizei keineswegs nur auf Hochbauten, sondern auch auf bauliche Anlagen im weiteren Umfange, so daß bei Entwässerungsanlagen auch eigentlich baupolizeiliche Interessen, etwa in Ansehung der Konstruktion, des Baumaterials u. s. w. berührt werden. Entsch. d. Ober-Verw.-Ger. v. 1. Mai 1879 — Bd. V S. 360.

Eine schrankenlose Willkür ist der Polizeibehörde in ihren baupolizeilichen Anordnungen keineswegs gestattet, dabei wird vielmehr nur pflichtmäßiges Ermessen vorausgesetzt. Dieses Ermessen kann aber nicht durch eine verwaltungsrichterliche Aktion korrigirt werden. Uebt die Polizeibehörde an Stelle des pflichtmäßigen Ermessens Willkür, so unterliegt die Anordnung derselben allerdings der Prüfung durch den Verwaltungsrichter. Entsch. d. Ober-Verw.-Ger. v. 9. November 1886.

Zuständigkeit der Behörden in Bausachen.

Titel XX
des Zuständigkeitsgesetzes vom 1. August 1883.

Baupolizei.

§ 143. Der Bezirks-Ausschuß beschließt über die Anwendung der in den Städten geltenden feuer- und baupolizeilichen Vorschriften bei Gebäuden auf solchen zum platten Lande gehörigen Grundstücken, welche innerhalb der Städte oder im Gemenge mit städtischen bebauten Grundstücken liegen, gemäß den Vorschriften der Verordnung v. 27. Juli 1846.

§ 144. Ueber die Anwendung der Bestimmungen der Verordnung vom 21. Dezember 1846, betreffend die bei dem Bau von Eisenbahnen beschäftigten Handarbeiter, auf andere öffentliche Bauausführungen (Kanal- und Chausseebauten 2c.) gemäß § 26 der gedachten Verordnung beschließt:

1. insoweit es sich um Bauten der Kreise, Amts-, Wegeverbände oder Gemeinden handelt, der Regierungs-Präsident unter Zustimmung des Bezirksausschusses;
2. insoweit es sich um Bauten des Provinzialverbandes handelt, der Oberpräsident unter Zustimmung des Provinzialraths;
3. für den Stadtkreis Berlin der Oberpräsident.

§ 145. Ueber Dispense von Bestimmungen der Baupolizeiordnungen beschließt nach Maßgabe dieser Ordnungen der Kreisausschuß, in Stadtkreisen und in den zu einem Landkreise gehörigen Städten von mehr als 10000 Einwohnern der Bezirks-Ausschuß, soweit die Angelegenheit nicht nach diesen Ordnungen zur Zuständigkeit anderer Organe gehört. Verfügungen der letzteren unterliegen der Anfechtung nur im Wege der Beschwerde an die Aufsichtsbehörde.

Der Bezirks-Ausschuß tritt in betreff der Zuständigkeit zur Ertheilung von Dispensen in allen Fällen an die Stelle der Bezirksregierung.

Zur Einlegung der Beschwerde gegen den Beschluß ist auch die zur Ertheilung der Bauerlaubniß zuständige Behörde befugt, welcher der Beschluß zuzustellen ist.

Gegen den Beschluß des Bezirks-Ausschusses in erster Instanz findet die Beschwerde an den Minister der öffentlichen Arbeiten statt.

§ 146. Die §§ 17 und 18 des Gesetzes, betreffend die Anlegung und Veränderung von Straßen und Plätzen in Städten und ländlichen Ortschaften vom 2. Juli 1875 werden aufgehoben.

Die Wahrnehmung der in den §§ 5, 8, 9 a. a. O. dem Kreisausschusse beigelegten Funktionen liegt für den Stadtkreis Berlin dem Minister der öffentlichen Arbeiten, für die übrigen Stadtkreise, sowie für die zu einem Landkreise gehörigen Städte mit mehr als 10000 Einwohnern dem Bezirks-Ausschuß ob. Die Bestätigung der Statuten nach den §§ 12 und 15 a. a. O. erfolgt für den Stadtkreis Berlin durch den Minister des Innern.

Baupolizei-Ordnungen.

Auf Grund der in den nachfolgenden Titeln mitgetheilten allgemeinen landrechtlichen Bestimmungen und der dieselben ergänzenden Gesetze sind von den Polizei-Behörden sowohl für die Provinzen oder Regierungsbezirke, als auch innerhalb derselben für die Städte und Landgemeinden besondere Baupolizei-Ordnungen erlassen worden, welche die Kraft von Gesetzen haben.

Der beim Erlasse jeder neuen Baupolizei-Ordnung naturgemäß stets wiederkehrenden Entscheidung, daß sich in ihrem Geltungsgebiete eine Menge baulicher Einrichtungen vorfindet, welche, wiewohl berechtigterweise vorhanden, doch den kodifizirten Anforderungen des neueren Rechts nicht entsprechen, wird regelmäßig, in sachgemäßer Vereinigung der öffentlichen und privaten Interessen dadurch Rechnung getragen, daß für Fälle des Neubaues, Umbaues oder größerer Reparaturen die Befolgung des fortan geltenden Rechts geboten oder auch eine Abänderung der vorhandenen Anlagen innerhalb bestimmter Fristen unbedingt gefordert wird, während ein sofortiger Umbau älterer Baulichkeiten, wenn überhaupt, so doch nur in Fällen dringender Gefahr verlangt zu werden pflegt. Entsch. d. Ober-Verw.-Ger. v. 26. Oktober 1885 — Pr. Verw.-Bl. Bd. VII S. 109.

Titel I.

Ausführung der Bauten im Allgemeinen.

Hierüber bestimmt das Allgemeine Landrecht Theil I Titel 8.

Eigenthumseinschränkungen bei dem Bauen.

§ 65. In der Regel ist jeder Eigenthümer seinen Grund und Boden mit Gebäuden zu besetzen, oder sein Gebäude zu verändern, wohl befugt.

Die Polizeibehörde darf nicht bei der ganzen „Art" der Bebauung eines Grundstückes ein völlig schrankenloses Ermessen walten lassen; dem stehen entgegen §§ 65 ff., Tit. 8, Th. I, A. L. R., Art. 9 der Preuß. Verfassung v. 31. Januar 1850, das Enteignungsgesetz v. 11. Juni 1874, § 4 des Gesetzes v. 11. Mai 1842 und das Reichs-Rayongesetz v. 21. Dezember 1871. Entsch. d. Ober-Verw.-Ger. v. 14. Juni 1882 — Bd. IX S. 354.

Zu den Eigenthumsbeschränkungen im Sinne des Artikel 9 der Verfassungsurkunde v. 31. Januar 1850, wonach das Eigenthum unverletzlich ist und dasselbe nur aus Gründen des öffentlichen Wohls gegen vorgängige, in dringenden Fällen wenigstens vorläufig festzustellende Entschädigung nach Maßgabe des Gesetzes entzogen oder beschränkt werden kann, gehören nur solche polizeiliche Anordnungen, welche von dem Eigenthümer ein Mehreres verlangen, als wozu ihn in seiner Eigenschaft als Eigenthümer die bestehende Rechtsordnung schon an und für sich verpflichtet. Entsch. d. Ober-Verw.-Ger. v. 5. Dezember 1881 — Bd. VIII S. 327.

Das Eigenthum darf nur in solcher Weise ausgeübt werden, daß dem öffentlichen Wohl kein Schaden geschieht. Dem Gesetze gegenüber ist ein Beweis, daß eine Einrichtung nicht gefährlich, unzulässig. Entsch. d. Ober-Verw.-Ger. — II. Senat — v. 12. November 1886.

Zur Ausführung des Art. 9 der Verfassung vom 31. Januar 1850 hat nicht das Polizeiverwaltungsgesetz vom 11. März 1850 gedient, sondern das Enteignungsgesetz vom 11. Juni 1874. Aus den Vorarbeiten zu dem letzteren ergiebt sich, daß an eine mögliche Aufhebung des § 10 Tit. 7 Th. II A. L. R. dabei nicht gedacht ist. Die Bestimmungen der Verfassung, welche die Unverletzlichkeit des Eigenthums gewährleisten, stehen den das Verfügungsrecht des Einzelnen im öffentlichen Interesse beschränkenden Maßnahmen der Verwaltungsbehörden nicht hindernd entgegen. Entsch. d. Ober-Verw.-Ger. v. 5. Dezember 1881 — Bd. VIII S. 327 und vom 9. Januar 1884 — Bd. XI S. 365.

Das Allgemeine Landrecht giebt im Allgemeinen nur Vorschriften für Neubauten und Aenderungen bestehender Bauten (§§ 65 ff., Tit. 8, Th. I, a. a. O.) und das auf der Grundlage dieser Bestimmungen entwickelte Baurecht wird von der Regel beherrscht, daß die Anordnungen der Behörden, mögen dieselben als generelle Normen (baupolizeiliche Verordnungen) oder als spezielle Verfügungen erlassen sein, in Ansehung vorhandener Bauten nur ausnahmsweise Aenderungen verlangen dürfen.

Handelt es sich um bauliche Verhältnisse, welche zwar früher unter anderen Umständen von der Behörde genehmigt, später aber ohne deren Zustimmung Veränderungen unterworfen worden sind, so liegt eben ein Eingriff der Baupolizeibehörde in einen vorhandenen baulichen Zustand nicht mehr vor. Entsch. d. Ober-Verw.-Ger. v. 20. Juli 1878 — Bd. IV S. 351.

Ein Gebäude ist ein jedes aus Baumaterial hergestellte Behältniß, welches mit dem Erdboden in festem Zusammenhange steht. Entsch. d. Reichsger. — I. Straffen. — v. 4. April 1887.

§ 66. Doch soll zum Schaden oder zur Unsicherheit des gemeinen Wesens oder zur Verunstaltung der Städte und öffentlichen Plätze kein Bau und keine Veränderung vorgenommen werden.

Eine „Verunstaltung“ oder eine „grobe Verunstaltung“ durch einen Bau (§§ 66 und 71 Tit. 8 Th. I. A. L. R.) liegt nicht schon dann vor, wenn nur eine vorhandene Formschönheit vermindert wird oder auch ganz verloren geht. Die künstlerische Anlage einer Straße oder eines Platzes kann auf das Niveau des Gewöhnlichen herabgedrückt werden. Das ist keine Verunstaltung, geschweige denn eine „grobe“. Auch nicht schon jede Störung der architektonischen Harmonie fällt unter jenen Begriff. Unerläßlich ist vielmehr zum Begriffe der „Verunstaltung“ im Sinne der gesetzlichen Bestimmungen die Herbeiführung eines positiv häßlichen, jedes offene Auge verletzenden Zustandes. Entsch. d. Ober-Verw.-Ger. v. 14. Juni 1882 — Bd. IX S. 354.

Nach den §§ 66, 71, 78 Tit. 8 Th. I A. L. R. wohnt der Polizeibehörde die Befugniß bei, Verunstaltungen von Straßen zu verhindern oder, falls ein ohne vorhergegangene Anzeige unternommener Bau zur groben Verunstaltung der Straße gereicht, eine solche auch nachträglich zu beseitigen, allein diese Befugniß kann nicht weiter reichen, als der Zweck des polizeilichen Einschreitens es bedingt. Entsch. d. Ober-Verw.-Ger. v. 7. Novbr. 1878 — Bd. IV S. 375.

Wenn die Polizei sich veranlaßt sieht, gegen den Unternehmer eines mit baupolizeilicher Genehmigung begonnenen, demnächst aber unvollendet gelassenen Neubaues einzuschreiten, so kann das nur auf Grund des §§ 65 ff. Tit. 8 Th. I A. L. R. insbesondere des § 66 l. c., in Verbindung mit § 10 Tit. 17 Th. II A. L. R. geschehen.

Ob durch einen liegengebliebenen Bau eine Verunstaltung einer Straße herbeigeführt wird, läßt sich nur nach den thatsächlichen Verhältnissen beurtheilen. Entsch. d. Ober-Verw.-Ger. v. 22. April 1880 — Bd. VI S. 318.

Eine Verunstaltung der Stadt (§§ 66 und 71 Tit. 8 Th. I A. L. R.) kann nur da vorkommen, wo die bauliche Anlage entweder unmittelbar an einer öffentlichen Straße bezw. einem öffentlichen Platze liegt oder doch in einem solchen örtlichen Zusammenhange mit einer Straße bezw. einem Platze steht, daß dadurch indirekt die Straße, der Platz verunstaltet, dem daselbst verkehrenden Publikum ein Aergerniß bereitet wird. Entsch. d. Ober-Verw.-Ger. v. 19. Oktober 1886 — O.-V.-G. No. II. 942.

Baugenehmigung.

§ 67. Wer also einen neuen Bau in Städten anlegen will, muß zuvor der Obrigkeit zur Beurtheilung Anzeige machen.

Bau ist jede Art von Baulichkeit. Die Vorschrift des § 67 ist in den einzelnen Provinzen durch spezielle Polizei-Verordnungen auch auf Bauten in den Landgemeinden ausgedehnt worden.

Die Genehmigung der Neu- und Umbauten (den Baukonsens) ertheilt die Ortspolizeibehörde. Zur Ausführung eines an sich konsenspflichtigen Bauwerkes bedarf es auch dann der ortspolizeilichen Genehmigung (des Baukonsenses), wenn das Unternehmen von einer Staatsbehörde ausgeht und den Gegenstand desselben ein bereits ministeriell genehmigter Hochbau an einem Eisenbahnhofe bildet. Entsch. d. Ober.-Verw.-Ger. v. 5. Sept. 1878 — Bd. V S. 324.

Bei Genehmigung eines Baugesuchs kommen die Rücksichten des Verkehrs, der Festigkeit der Konstruktion, der Feuersicherheit, der Gesundheit und der Schönheit in Betracht. Diese Rücksichten fordern daher eine ordnungsmäßige **Anlegung der Straßen und Plätze** (siehe Titel II); es dürfen ferner **Bauten in der Nähe von Waldungen** erst auf Grund eines die Verhütung von Feuergefahr bezweckenden Verfahrens gestattet werden (siehe Titel III) und es fordert die **Anlegung einer neuen Ansiedlung** (Anbau außerhalb einer im Zusammenhange gebauten Ortschaft) sowie einer **Kolonie** einer besonderen ortspolizeilichen Genehmigung (siehe Titel IV). Besonderen Beschränkungen unterliegen ferner gewerbliche Anlagen (siehe Titel V) und Neubauten innerhalb der Festungsrayons (Reichsgesetz vom 21. Dezember 1871 — R.-G.-Bl. S. 459).

Durch Ertheilung des Baukonsenses wird Privatrechten Dritter in keinem Falle präjudizirt. Entsch. d. Ober-Trib. v. 18. August 1856 — Bd. 35 S. 279.

Nach der Rechtsprechung des Ober-Verwaltungsgerichts sind als polizeiliche Verfügungen auch solche Bescheide der Polizeibehörde anzusehen, durch welche die zu gewissen Handlungen oder Thätigkeiten erforderliche polizeiliche Erlaubniß (Genehmigung, Konsens 2c.) z. B. ein Baukonsens, ertheilt oder versagt wird. Vergl. Entsch. d. Ober-Verw.-Ger. Bd. II S. 353, 442, Bd. III S. 215, Bd. IV S. 229.

Die Anfechtung einer solchen polizeilichen Verfügung erfolgt nach den oben (S. 12) bereits mitgetheilten Bestimmungen über polizeiliche Verfügungen und Rechtsmittel gegen dieselben.

Ein Baukonsens ist, wie das Wort selbst andeutet, eine Anordnung im Sinne der §§ 132 und 133 des Landesverwaltungsgesetzes vom 30. Juli 1883, keine Verfügung, an welche sich ohne weiteres ein Zwangsverfahren anknüpfen kann.

An sich gehört vielmehr der Baukonsens in die Reihe derjenigen polizeilichen Verfügungen, welche an die freiwillige Vornahme oder Ausübung bestimmter Handlungen oder Thätigkeiten geknüpft sind, deren verbindende Kraft demnach innerhalb dieser Grenzen eine bedingte ist.

An den Baukonsens können sich Anordnungen anschließen — in der Art, daß der Unternehmer, wenn anders er überhaupt von dem Konsense Gebrauch macht, hierbei an gewisse — gleichviel ob seinen Plänen entsprechende oder ihnen zuwiderlaufende — Schranken gebunden ist, aber jedenfalls sind sie Dritten gegenüber Anordnungen in keiner Beziehung.

Wie alle polizeilichen Vorschriften ihrer Natur nach nicht das Einzelinteresse, sondern lediglich die Interessen der Gesammtheit oder doch diejenigen eines weiteren unbestimmten Kreises von Betheiligten (Gesellschaftsgruppe) zur Grundlage und zugleich zum Ziele haben, so sind auch die baupolizeilichen Vorschriften zunächst auf Rücksichten des Gemeinwohles zurückzuführen.

Der Grundeigenthümer, der an der Bebauung seines Grundstückes durch die Polizeibehörde behindert wird, kann die Verwaltungsklage anstellen, ein Dritter aber, ja selbst der benachbarte Grundbesitzer kann nur Beschwerde über die Polizei-Verwaltung führen oder gegen den Nachbar gerichtlich klagen.

Das Recht zur freien Verfügung über das Eigenthum begreift an sich auch die unbeschränkte Befugniß zum Bauen in sich; nur insoweit, wie das positive Gesetz oder die in solchem zugelassenen polizeilichen Bestimmungen Schranken ziehen, tritt jene Befugniß zurück; wo beides mit einander in Kollision gerathet, findet, wenn das Hinderniß der Bebauung im öffentlichen Rechte begründet liegt, die Klage im Verwaltungs-Streitverfahren statt. Der Dritte dagegen, der Nichteigenthümer kann zwar unter Umständen ein nicht minder dringendes Interesse daran haben, als der Eigenthümer selbst, daß der Baukonsens nach einer bestimmten Richtung hin ertheilt oder nicht ertheilt wird; ein subjektives Recht hierauf hat er aber nicht, und das selbst dann nicht, wenn etwa die einzelne baupolizeiliche Bestimmung, welche er zur Geltung gebracht zu sehen wünscht, neben den zunächst maßgebenden öffentlichen allgemeinen bis zu einem gewissen Grade auch die besonderen Interessen der Nachbarn zu schützen bestimmt sein mag. Sein Interesse steht, wie das der Gesammtheit, lediglich unter dem allgemeinen Schutze einer geordneten Verwaltung; er kann dasselbe — gleich jedem andern Staatsbürger — durch Hinweisung der Polizeiverwaltung auf das Gesetz, durch Anzeigen von Zuwiderhandlungen und durch Beschwerden im Verwaltungswege zur Geltung zu bringen versuchen. Eine Klage steht sowenig ihm wie irgend einem ganz unbetheiligten andern Dritten zu, es sei denn die privatrechtlich zu begründende Klage bei dem ordentlichen Richter. Wenn die Polizeibehörde also jemandem einen Baukonsens ertheilt, so hat der Nachbar oder sonst ein Dritter nicht das Recht, dieserhalb im Verwaltungs-Streitverfahren gegen die Polizeibehörde klagbar zu werden. Es kann ja wohl vorkommen, daß jemand in seinen Interessen dadurch verletzt wird, wenn der Nachbar von der Polizeibehörde die Erlaubniß erhält, so oder so zu bauen; dann kann man sich aber höchstens über die Polizeibehörde im ordentlichen Instanzenwege beschweren, oder man kann gegen den, welcher den Bau nach Maßgabe des Konsenses ausführen will, im ordentlichen Rechtswege vorgehen, namentlich wenn ein gesetzlicher Rechtstitel zur Seite steht, auf Grund dessen man verlangen kann, daß der Bau, sowie ihn die Polizeibehörde gestattet hat, nicht zur Ausführung kommen darf, bezw. kommen dürfte. Entsch. d. Ober-Verw.-Ger. v. 30. April 1877 — Bd. II S. 351 (siehe Parey, Rechtsgrundsätze des Ober-Verwaltungs-Gerichts S. 393 ff.).

Die einstweilige Vorenthaltung (Versagung) des Baukonsenses seitens der Polizeibehörde ist als eine zur Beschwerde oder Klage berechtigende „polizeiliche“ Verfügung im Sinne der §§ 127 ff. des Landes-Verwaltungsgesetzes vom 30. Juli 1883 anzusehen. Entsch. d. Ober-Verw.-Ger. v. 16. Febr. 1885 — Bd. XII S. 363.

Die Versagung des Baukonsenses wegen einer in das Grundbuch eingetragenen baulichen Beschränkung ist ungerechtfertigt, weil aus einer Eintragung in das Grundbuch, mag sie zu Gunsten der Gemeinde oder etwa auch der Polizeibehörde erfolgt sein, immer nur ein privatrechtlicher Anspruch hervorgeht, über welchen im Verwaltungs-Streitverfahren nicht erkannt werden kann. In dem letzteren ist zu untersuchen und festzustellen, ob die Polizeibehörde nach Maßgabe des bestehenden öffentlichen Rechtes die Genehmigung zu dem Bau verweigern durfte. Die der Polizeibehörde überwiesene Prüfung der Baugesuche darf nicht dazu benutzt werden, um Privatrechte, welche einem Dritten oder auch der Behörde selbst zustehen, zur Geltung zu bringen, vielmehr hat die Behörde bei der von ihr zu treffenden Entscheidung allein das öffentliche Interesse wahrzunehmen, und selbst wo letzteres durch Privatrechte geschützt werden sollte, kann der Grund, auf welchen sich die Behörde stützt, nicht aus den Privatrechten, sondern lediglich aus dem öffentlichen Interesse selbst bezw. aus den in diesem Interesse gegebenen Bestimmungen des öffentlichen Rechts entnommen werden. (§§ 65 ff. Tit. 8 Th. I A. L. R. und § 10 Tit. 17 Th. II ebendaselbst). Entsch. d. Ober-Verw.-Ger. v. 5. Oktober 1885 — Bd. XII S. 366 — (siehe Parey, Rechtsgrundsätze, S. 420).

§ 68. Bei der anzustellenden Prüfung muß die Obrigkeit zugleich dahin sehen, daß durch eine richtige und vollständige Beschreibung des abzutragenden Gebäudes nach seiner Lage, Grenze und übrigen Beschaffenheit künftigen Streitigkeiten bei dem Wiederaufbau in Ansehung des Winkelrechts und sonst möglichst vorgebeugt werde.

Durch Ertheilung des Baukonsenses wird Privatrechten Dritter in keinem Falle präjudizirt. Entsch. d. Ober-Trib. v. 18. August 1856 — Bd. 35 S. 279.

Aus dem § 68 Tit. 8 Th. I. A. L. R. ist nach dem Reskripte des Ministers des Innern vom 6. April 1835 (Annalen XIX S. 497) die Verpflichtung der Polizeibehörde abgeleitet worden, bei Beurtheilung der Baugesuche die nachbarlichen Verhältnisse nicht unberücksichtigt zu lassen; es ist aber in jenem Reskripte nur das als Aufgabe der Polizei bezeichnet, künftigen Streitigkeiten vorbehaltlich dessen, was Gegenstand der gerichtlichen Entscheidung sein kann, vorzubeugen, und wenn es gelingt, die in Ansehung solcher Punkte streitenden Interessenten zu vereinigen, dieselben an die Gerichte zu verweisen und die Baugesuche im Uebrigen nach den bestehenden baupolizeilichen Bestimmungen zu prüfen und zur Erledigung zu bringen. Entsch. d. Ober-Verw.-Ger. v. 11. April 1877 — Bd. II S. 440 — und v. 10. Februar 1879 — Bd. V S. 350.

Gegenüber dem Nachfolger im Besitze eines Hauses, bei dessen Erbauung von dem Baukonsense abgewichen ist, kann diese Bauausführung als eine konsenswidrige nur unter der Voraussetzung gelten, daß die gestellten Bedingungen ihre rechtliche Basis nicht ausschließlich in den besonderen Satzungen, welche der Baukonsens dem Unternehmer vorschreibt, sondern weiter in gemeingültigen, unmittelbar gesetzlichen oder doch denjenigen, dem Gesetze gleichstehenden baupolizeilichen Bestimmungen fanden, auf Grund und nach Maßgabe welcher der Baukonsens überhaupt ertheilt worden ist. Entsch. d. Ober-Verw.-Ger. v. 19. Mai 1877 — Bd. II S. 356.

§ 69. Vorzüglich ist eine besondere obrigkeitliche Erlaubniß nothwendig, wenn, es sei in Städten oder auf dem Lande, eine neue Feuerstelle errichtet, oder eine alte an einen anderen Ort verlegt werden soll.

Feuerstelle heißt ein jedes Gebäude mit einer zur Unterhaltung des Feuers bestimmten Einrichtung. Wer ohne polizeiliche Erlaubniß eine neue Feuerstätte errichtet, oder eine bereits vorhandene an einen andern Ort verlegt, wird mit Geldbuße bis zu sechszig Mark oder mit Haft bis vierzehn Tagen bestraft. (§ 368 Nr. 3 Reichs-Strafgesetzbuch). Hinsichtlich der Errichtung von Feuerstellen in der Umgebung einer Waldung sind durch die §§ 47 ff. des Feld- und Forstpolizei-Gesetzes vom 1. April 1880, welche weiter unten Titel IV folgen, besondere Bestimmungen getroffen.

§ 70. Bauherren und Baumeister, welche dieser Vorschrift (§ 69) zuwider handeln, haben jeder eine Polizeistrafe von fünf bis zehn Thalern verwirkt, selbst wenn der Bau an sich untadelhaft befunden werden sollte.

Diese Strafbestimmung ist durch § 367 Nr. 15 des Reichs-Strafgesetzbuchs abgeändert; derselbe lautet: Mit Geldstrafe bis zu 150 Mark oder mit Haft wird bestraft, wer als Bauherr, Baumeister oder Bauhandwerker einen Bau oder eine Ausbesserung, wozu die polizeiliche Genehmigung erforderlich ist, ohne diese Genehmigung oder mit eigenmächtiger Abweichung von dem durch die Behörde genehmigten Bauplane ausführt oder ausführen läßt.

§ 71. In allen Fällen, wo sich findet, daß ein ohne vorhergegangene Anzeige unternommener Bau schädlich oder gefährlich für das Publikum sei, oder zur groben Verunstaltung einer Straße oder eines Platzes gereiche, muß derselbe nach der Anweisung der Obrigkeit geändert werden.

(Siehe oben Anmerkung zu § 66 ebendaselbst.)

§ 72. Findet die Aenderung nicht statt, so muß das Gebäude wieder abgetragen und alles auf Kosten des Bauenden in den vorigen Stand gesetzt werden.

Nach allgemeinen Grundsätzen und nach §§ 65 ff., Tit. 8 Th. I A. L. R. liegt es der Polizeibehörde ob, Bauwerken gegenüber, für welche die polizeiliche Erlaubniß erforderlich aber nicht ertheilt ist, oder welche in Abweichung von den gestellten Bedingungen ausgeführt sind, im öffentlichen Interesse eine Umänderung nach Maßgabe der bestehenden gesetzlichen Bestimmungen zu fordern. Wenn die Aenderung nicht stattfindet — aber auch nur in diesem Falle — muß das Gebäude wieder abgetragen und alles auf Kosten des Bauenden in den vorigen Stand gesetzt werden. (§ 72 a. a. O.). Die unerläßliche Voraussetzung einer den Abbruch eines Gebäudes bedingungslos fordernden polizeichen Anordnung ist vor allem die Unmöglichkeit, das Gebäude in einen dem Gesetze entsprechenden und die etwa behauptete Gefährlichkeit des Baues beseitigenden Zustand zu versetzen. Den Anforderungen des Baukonsenses und des Gesetzes muß genügt werden, jede darüber hinausreichende Pflicht, namentlich aber das Gebäude abzubrechen, ist daraus nicht abzuleiten. Entsch. des Ober-Verw.-Ger. v. 8. Dezember 1879 — Bd. V S. 290 (siehe Parey, Rechtsgrundsätze des Ober.-Verw.-Ger. S. 408.).

Die unterlassene Nachsuchung des an sich nöthigen polizeilichen Baukonsenses hat (abgesehen von der Bestrafung) den Abbruch eines ohne Konsens errichteten Baues nur dann zur Folge, wenn der Bau überhaupt gegen die polizeilichen Vorschriften ausgeführt ist, mithin niemals hätte genehmigt werden können, wenn der Baukonsens nachgesucht worden wäre. Entsch. d. Ober-Verw.-Ger. v. 8. September 1876 — Bd. I S. 324.

Wenn schon bei nichtkonsentirten Bauten die polizeiliche Einwirkung sich zunächst nur auf eine entsprechende Aenderung des Baues zu richten hat, während die Beseitigung des ganzen Werkes erst für den Fall gefordert werden darf, daß den im öffentlichen Interesse zu stellenden Anforderungen auf keine andere Weise genügt werden könnte, so kann der, welcher der Anzeigepflicht genügte, jedenfalls in keine ungünstigere Lage kommen. Entsch. d. Ober-Verw.-Ger. v. 22. April 1880 — Bd. VI S. 318.

§ 73. Bauanlagen auf Straßen, wodurch Gehende, Reitende oder Fahrende Beschädigungen ausgesetzt sind, soll die Obrigkeit nicht dulden.

§ 78. Die Straßen und öffentlichen Plätze dürfen nicht verengt, verunreinigt oder sonst verunstaltet werden.

Der den Bau leitende Bauhandwerker hat den Bau gewissenhaft zu überwachen und es ist die gefahrdrohende Verletzung der Regeln der Baukunst, sowie die Außerachtlassung der erforderlichen Sicherheitsmaßregeln beim Bauen mit Strafe bedroht. Diese Strafbestimmungen lauten:

§ 330. Reichs-Straf-Ges.-B.: Wer bei der Leitung oder Ausführung eines Baues wider die allgemein anerkannten Regeln der Baukunst dergestalt handelt, daß hieraus für Andere Gefahr entsteht, wird mit Geldstrafe bis zu neunhundert Mark oder mit Gefängniß bis zu einem Jahre bestraft.

§ 367 Nr. 14 ebendaselbst: Mit Geldstrafe bis zu Einhundertfünfzig Mark oder mit Haft wird bestraft, wer Bauten oder Ausbesserungen von Gebäuden, Brunnen, Brücken, Schleusen und anderen Bauwerken vornimmt, ohne die von der Polizei angeordneten oder sonst erforderlichen Sicherungsmaßregeln zu treffen.

§ 120 Abs. 3 Reichs-Gew.-Ordn.: Die Gewerbeunternehmer sind verpflichtet, alle diejenigen Einrichtungen herzustellen und zu unterhalten, welche mit Rücksicht auf die besondere Beschaffenheit des Gewerbebetriebes und der Betriebsstätte zu thunlichster Sicherheit gegen Gefahr für Leben und Gesundheit nothwendig sind. Darüber, welche Einrichtungen für alle Anlagen einer bestimmten Art herzustellen sind, können durch Beschluß des Bundesraths Vorschriften erlassen werden. Soweit solche nicht erlassen sind, bleibt es den nach den Landesgesetzen zuständigen Behörden überlassen, die erforderlichen Bestimmungen zu treffen.

Titel II.

Anlegung und Veränderung von Straßen und Plätzen in Städten und ländlichen Ortschaften.

Gesetz vom 2. Juli 1875.

Die Tendenz dieses Gesetzes ist einerseits, den Gemeinden thunlichst entgegen zu kommen und ihnen über die Schwierigkeiten hinwegzuhelfen, denen sie vorher vielfach begegnet waren, andererseits sollen aber auch die Privateigenthümer geschützt werden. Dagegen lag es keineswegs in der Absicht, die bisherigen Befugnisse der Polizeibehörden gegenüber dem Einzelnen zu erweitern. Vergl. Entsch. des Ober-Verw.-Ger. v. 2. Juni 1877 — Bd. II S. 362 und Friedrichs, das Fluchtliniengesetz v. 2. Juli 1875, Einleitung.

Straßen- und Baufluchtlinien.

§ 1. Für die Anlegung oder Veränderung von Straßen und Plätzen in Städten und ländlichen Ortschaften sind die Straßen- und Baufluchtlinien vom Gemeindevorstande im Einverständnisse mit der Gemeinde, bezüglich deren Vertretung dem öffentlichen Bedürfnisse entsprechend unter Zustimmung der Ortspolizeibehörde festzusetzen.

Die Ortspolizeibehörde kann die Festsetzung von Fluchtlinien verlangen, wenn die von ihr wahrzunehmenden polizeilichen Rücksichten die Festsetzung fordern.

Zu einer Straße im Sinne dieses Gesetzes gehört der Straßendamm und der Bürgersteig.

Die Straßenfluchtlinien bilden regelmäßig zugleich die Baufluchtlinien, das heißt die Grenzen, über welche hinaus die Bebauung ausgeschlossen ist. Aus besonderen Gründen kann aber eine von der Straßenfluchtlinie verschiedene, jedoch in der Regel höchstens 3 Meter von dieser zurückweichende Baufluchtlinie festgesetzt werden.

Straßen sind nach dem gewöhnlichen Sprachgebrauche die für den Verkehr innerhalb der Ortschaften und in erster Linie zugleich für den Anbau bestimmten Wege.

Straßen im Sinne des Gesetzes sind nur solche Wegestrecken, welche entweder für den Anbau bestimmt sind oder wenigstens Glieder in dem Netze der bebauten Straßen — sei dies nun das gegenwärtige oder das für die Zukunft projektirte — bilden. (Siehe Friedrichs, Fluchtliniengesetz vom 2. Juli 1875 S. 11.)

Die Festsetzung der Baufluchtlinien ist auch ohne gleichzeitige Festsetzung einer Straßenfluchtlinie möglich.

Die Festsetzung von Fluchtlinien kann auch da erfolgen, wo die Straßen, an welchen das zu bebauende Terrain liegt, bereits gepflastert, mit Rinnsteinen versehen und dem Verkehr übergeben sind.

Bei den wegen Festsetzung der Fluchtlinien gepflogenen Verhandlungen ist es in der Regel nicht lediglich darauf abgesehen, nur Baufluchtlinien festzusetzen; vielmehr geht die Absicht meistens dahin, Bau- und Straßenfluchtlinien in der Art festzusetzen, daß beide zusammenfallen und zwar so, daß die neue Linie gegen die thatsächlich bereits bestehende zum Zweck einer Verbreiterung, also einer Veränderung der Straße zurückgerückt werde.

Das Gesetz besagt keineswegs, daß zu solchem Zwecke die Festsetzung von Fluchtlinien, weil einmal die Straßen in anderen Grenzen bestehen, unzulässig wäre, vielmehr gestattet dasselbe die Festsetzung „für die Anlegung oder Veränderung von Straßen" (§§ 1, 13 Abs. 2 des Gesetzes vom 2. Juli 1875). Es kann aber auch, weil das Gesetz dies nicht verbietet, eine Festsetzung von Baufluchtlinien erfolgen ohne eine anderweite Festsetzung von Straßenfluchtlinien.

Unbedingt vorgeschrieben ist die Festsetzung von Fluchtlinien überhaupt nicht, dieselbe erfolgt event. nur da, wo mindestens eine der betheiligten beiden Behörden dies nach Lage der Verhältnisse für angezeigt erachtet. Entsch. d. Ober-Verw.-Ger. v. 2. Juni 1877 — Bd. II S. 362 — (s. Parey, Rechtsgrundsätze des Ober-Verw.-Ger. S. 395).

Ein nachgesuchter Baukonsens darf allein um deswillen nicht versagt werden, weil eine dem Gesetz vom 2. Juli 1875 entsprechende Festsetzung von Fluchtlinien für das zu bebauende Terrain noch nicht stattgefunden hat.

Zwar ist zuzugeben, daß, wenn die zur Festsetzung von Fluchtlinien berufenen Behörden (Gemeinde- und Polizeibehörde) sich hierüber nicht verständigen, dem Einzelnen einem solchen negativen Ergebnisse der Verhandlungen gegenüber ein Rechtsmittel nicht zusteht; es folgt hieraus aber auch keineswegs, daß, so lange ein Fluchtlinienplan nicht festgestellt worden, auf dem bezüglichen Terrain, für welches eine in Aussicht genommene Festsetzung gelten sollte, überall nicht gebaut werden dürfe. Entsch. d. Ober-Verw.-Ger. v. 2. Juni 1877 — Bd. II S. 362.

Feststellung von Fluchtlinien — Bebauungspläne.

§ 2. Die Feststellung von Fluchtlinien (§ 1) kann für einzelne Straßen und Straßentheile oder nach dem voraussichtlichen Bedürfnisse der näheren Zukunft durch Aufstellung von Bebauungsplänen für größere Grundflächen erfolgen.

Handelt es sich in Folge von umfassenden Zerstörungen durch Brand oder anderen Ereignissen um die Wiederbebauung ganzer Ortstheile, so ist die Gemeinde verpflichtet, schleunigst darüber zu beschließen, ob und inwiefern für den betreffenden Ortstheil ein neuer Bebauungsplan aufzustellen ist und eintretendenfalls die unverzügliche Feststellung des neuen Bebauungsplanes zu bewirken.

Das Gesetz vom 2. Juli 1875 enthält keinen Zwang, sondern nur die Ermächtigung zur Aufstellung von Bebauungsplänen; völlig zwecklos wäre es aber, mit einer solchen Aufstellung für Terrainabschnitte vorzugehen, die nach menschlichem Ermessen niemals Theile der betreffenden Stadt oder ländlichen Ortschaft bilden. Entsch. d. Ober-Verw.-Ger. v. 19. November 1883 — Bd. X S. 310.

Besonderer Polizei-Verordnungen über einen Bebauungsplan bedarf es nicht, da bereits durch die Bestimmungen der §§ 65 ff. Tit. 8 Th. I A. L. R. und die allgemeinen Baupolizei-Verordnungen dafür gesorgt ist, daß Niemand ohne Konsens der Polizeibehörde bauen darf, wenn er sich nicht der Bestrafung und der Abänderung oder Beseitigung des unbefugt errichteten Baues aussetzen will.

Bebauungspläne sind Sammlungen ortspolizeilicher Anordnungen, durch welche vorweg festgestellt wird, welche auf dem Weichbilde einer Gemeinde belegenen Grundstücke mit Gebäuden besetzt werden können und welche Grundstücke, als zu öffentlichen Straßen und Plätzen bestimmt, unbebaut gelassen werden sollen. Entsch. d. Ober-Verw.-Ger. vom 6. Februar 1879 — Bd. V S. 381.

§ 3. Bei Festsetzung der Fluchtlinien ist auf Förderung des Verkehrs, der Feuersicherheit und der öffentlichen Gesundheit Bedacht zu nehmen, auch darauf zu halten, daß eine Verunstaltung der Straßen und Plätze nicht eintritt.

Es ist deshalb für die Herstellung einer genügenden Breite der Straßen und einer guten Verbindung der neuen Bauanlagen mit den bereits bestehenden Sorge zu tragen.

§ 4. Jede Festsetzung von Fluchtlinien (§ 1) muß eine genaue Bezeichnung der davon betroffenen Grundstücke und Grundstückstheile und eine Bestimmung der Höhenlage, sowie der beabsichtigten Entwässerung der betreffenden Straßen und Plätze enthalten.

§ 5. Die Zustimmung der Ortspolizeibehörde (§ 1) darf nur versagt werden, wenn die von derselben wahrzunehmenden polizeilichen Rücksichten die Versagung fordern.

Will sich der Gemeinde-Vorstand bei der Versagung nicht beruhigen, so beschließt auf sein Ansuchen der Kreisausschuß.

Derselbe beschließt auf Ansuchen der Ortspolizeibehörde über die Bedürfnißfrage, wenn der Gemeinde-Vorstand die von der Ortspolizeibehörde verlangte Festsetzung (§ 1 Alinea 2) ablehnt.

Die Wahrnehmung der in dem vorstehenden § 5 dem Kreis-Ausschusse beigelegten Funktionen liegt für den Stadtkreis Berlin dem Minister der öffentlichen Arbeiten, für die übrigen Stadtkreise, sowie für die zu einem Landkreise gehörigen Städte mit mehr als 10000 Einwohnern dem Bezirks-Ausschusse ob. (§ 146 des Zuständigkeitsgesetzes vom 1. August 1883).

§ 6. Betrifft der Plan der beabsichtigten Festsetzungen (§ 4) eine Festung oder fallen in denselben öffentliche Flüsse, Chausseen, Eisenbahnen oder Bahnhöfe, so hat die Ortspolizeibehörde dafür zu sorgen, daß den betheiligten Behörden rechtzeitig zur Wahrung ihrer Interessen Gelegenheit gegeben wird.

Offenlegung des Fluchtlinien- bezw. Bebauungsplanes.

§ 7. Nach erfolgter Zustimmung der Ortspolizeibehörde bezüglich des Kreisausschusses (§ 5), hat der Gemeinde-Vorstand den Plan zu Jedermanns Einsicht offen zu legen. Wie letzteres geschehen soll, wird in der ortsüblichen Art mit dem Bemerken bekannt gemacht, daß Einwendungen gegen den Plan innerhalb einer bestimmt zu bezeichnenden präklusivischen Frist von mindestens vier Wochen bei dem Gemeinde-Vorstande anzubringen sind. Handelt es sich um Festsetzungen, welche nur einzelne Grundstücke betreffen, so genügt statt der Offenlegung und Bekanntmachung eine Mittheilung an die betheiligten Grundeigenthümer.

§ 8. Ueber die erhobenen Einwendungen (§ 7) hat, soweit dieelben nicht durch Verhandlung zwischen dem Gemeinde-Vorstande und den Beschwerdeführern zur Erledigung gekommen, der Kreisausschuß zu beschließen. Sind Einwendungen nicht erhoben oder ist über dieselben endgültig (§ 16) beschlossen, so hat der Gemeinde-Vorstand den Plan förmlich festzustellen, zu Jedermanns Einsicht offen zu legen und wie dies geschehen soll, ortsüblich bekannt zu machen.

Die Wahrnehmung der in dem vorstehenden § 8 dem Kreisausschusse beigelegten Funktionen liegt für den Stadtkreis Berlin dem Minister der öffentlichen Arbeiten, für die übrigen Stadtkreise, sowie für die zu einem Landkreise gehörigen Städte mit mehr als 10000 Einwohnern dem Bezirks-Ausschusse ob. (§ 146 d. Zuständigkeitsgesetzes vom 1. August 1883.)

§ 9. Sind bei Festsetzung von Fluchtlinien mehrere Ortschaften betheiligt, so hat eine Verhandlung darüber zwischen den betreffenden Gemeindevorständen stattzufinden.

Ueber die Punkte, hinsichtlich deren eine Einigung nicht zu erzielen ist, beschließt der Kreis-Ausschuß.

Die Wahrnehmung der in dem vorstehenden § 9 dem Kreis-Ausschusse beigelegten Funktionen liegt für den Stadtkreis Berlin dem Minister der öffentlichen Arbeiten, für die übrigen Stadtkreise, sowie für die zu einem Landkreise gehörigen Städte mit mehr als 10000 Einwohner dem Bezirks-Ausschusse ob. (§ 146 des Zuständigkeitsgesetzes vom 1. August 1883.)

§ 10. Jede, sowohl vor als nach Erlaß dieses Gesetzes getroffene Festsetzung von Fluchtlinien kann nur nach Maßgabe der vorstehenden Bestimmungen aufgehoben oder abgeändert werden.

Zur Festsetzung neuer oder Abänderung schon bestehender Bebauungspläne in den Städten Berlin, Potsdam, Charlottenburg uud deren nächste Umgebung bedarf es königlicher Genehmigung.

Durch das Gesetz vom 2. Juli 1875 ist das im § 4 des Eisenbahngesetzes dem Handelsminister übertragene Recht, die Linie der zur Ausführung genehmigten Bahnen in ihrer Durchführung durch alle Zwischenpunkte festzustellen, in keiner Weise alteriert und ebensowenig hinsichtlich der Befugniß, die durch die Eisenbahnanlage nothwendig gewordenen Anlagen an Wegen rc. festzusetzen, welche nach § 14 des Eisenbahngesetzes den Regierungen und nach § 31 des Enteignungsgesetzes vom 11. Juni 1874 den Verwaltungsgerichten zusteht, eine Aenderung eingetreten. Insoweit die Ausübung dieser Befugniß die Aushebung oder Aenderung von Straßen oder Fluchtlinien bedingt, ist das Verfügungsrecht der zur Feststellung von Straßen und Fluchtlinien berufenen Behörden, welchen bei Bestimmung der Bahnlinien eine Mitwirkung oder ein Widerspruchsrecht nicht zusteht, überhaupt ausgeschlossen und kann § 10 des Gesetzes vom 2. Juli 1875 nur insoweit Anwendung finden, als die Möglichkeit, über das innerhalb der Grenzen des Weichbildes oder des Bebauungsplanes belegene Terrain zu verfügen, nicht durch eine gesetzliche Verpflichtung anderweite mit den Straßenanlagen kollidierende Anlagen zu dulden, beseitigt oder beschränkt wird. Doch ist es angezeigt, dem Gemeindevorstande und der Ortspolizeibehörde Gelegenheit zur Geltendmachung von Anständen oder Aenderungsvorschlägen zu geben. Rescript des Handelsminist. vom 8. Mai 1876.

Baubeschränkung in Folge Offenlegung des Fluchtlinien- bezw. Bebauungsplanes.

§ 11. Mit dem Tage, an welchem die im § 8 vorgeschriebene Offenlegung beginnt, tritt die Beschränkung des Grundeigenthümers, daß Neubauten, Um- und Ausbauten über die Fluchtlinie hinaus versagt werden können, endgültig ein. Gleichzeitig erhält die Gemeinde das Recht, die durch die festgesetzten Straßenfluchtlinien für Straßen und Plätze bestimmte Grundfläche dem Eigenthümer zu entziehen.

Der § 11 des Gesetzes vom 2. Juli 1875 hat den Zweck mit im Auge, die Kommunen vor Werthsteigerungen des für die Straßen bestimmten Terrains nach erfolgter Offenlegung des Fluchtlinienplanes zu schützen. Da dessen Handhabung ausschließlich der Baupolizei überlassen ist, so gehört es recht eigentlich zu deren Aufgaben bei Beurtheilung etwa vorgelegter Baugesuche den Kommunen jenen Schutz angedeihen zu lassen. Damit bewegt sich dieselbe innerhalb der Grenzen des der polizeilichen Fürsorge anvertrauten Gebietes.

Erachtet die Behörde es für zweckdienlich, die Durchführung der dieserhalb auferlegten Bedingungen auch gegen einen Dritten durch Eintragung derselben in das Grundbuch sicher zu stellen, so ist darin nichts Gesetzwidriges zu finden. Entsch. d. Ober-Verw.-Ger. v. 14. Juni 1881 — Bd. VII S. 321.

Der Bauunternehmer hat keinen Anspruch darauf, daß Beschränkungen der Baufreiheit, welche erst nach der Einbringung des Baukonsensgesuchs in Kraft getreten sind — insbesondere eine dann erst förmlich erfolgte Festsetzung der Fluchtlinien — bei Beurtheilung seines Unternehmens außer Anwendung bleiben. Die Polizeibehörden haben sich bei Ertheilung von Baukonsensen ausschließlich nur durch diejenigen Bestimmungen leiten zu lassen, welche zur Zeit der Ertheilung der Erlaubniß in Kraft sind. Entsch. des Ober-Verw.-Ger. v. 16. Oktober 1879 — Bd. V S. 376, v. 24. November 1881 — Bd. VIII S. 319, v. 9. April 1884, v. 4. Oktober 1884 und v. 4. Februar 1886.

Der § 11 des Gesetzes vom 2. Juli 1875 handelt nur von solchen Festsetzungen, welche in Gemäßheit dieses Gesetzes ergangen sind. Hinsichtlich der älteren Anordnungen von Fluchtlinien bewendet es also bei dem früher geltenden Rechte. Dies enthält in Betreff der rechtlichen Wirkung einer Fluchtlinie auf den Ausschluß einer Bebauung etwas Abweichendes nicht; auch steht wohl nichts entgegen, die im ersten Satze des § 11 gegebene nähere Regelung, mit welcher blos ein bisher schon anerkannter Grundsatz nach seinen einzelnen Folgen genauer erläutert ist, ohne Weiteres bei älteren Fluchtlinien der Regel nach gleichfalls anzuwenden. Ausgeschlossen erscheint dies jedenfalls da, wo etwa die früheren Gesetze, insbesondere die verschiedenen Baupolizei-Ordnungen spezielle Vorschriften hierüber getroffen haben; letztere sind durch den § 19 des Gesetzes nicht beseitigt, weil sie eben mit den nur die neueren Fluchtlinien berücksichtigenden Bestimmungen des § 11 nicht in Widerspruch stehen. Entsch. des Ober-Verw.-Ger. vom 15. September 1881 — Bd. VIII S. 294.

Dagegen kann auf Grund einer älteren Fluchtlinienfestsetzung ein Privatgrundstück nur unter Beobachtung der Normen des Enteignungsgesetzes vom 11. Juni 1874 enteignet und zur Straße gezogen werden. (Friedrichs, das Fluchtliniengesetz S. 41).

Die rechtliche Wirkung einer vor der Geltung des Gesetzes vom 2. Juli 1875 erfolgten Fluchtliniengesetzgebung folgt aus den §§ 65 ff. Tit. 8 Th. 1 A. L. R. Entsch. d. Ober-Verw.-Ger. v. 30. Januar 1882 — Bd. VIII S. 303.

Die Polizeibehörden dürfen in gewissem Umfange auch schon vor der förmlichen Feststellung des Bebauungsplanes Bauten, welche den Plan durchkreuzen, verhindern. Entsch. d. Ober-Verw.-Ger. v. 24. November 1881 — Bd. VIII S. 319.

Ein nachgesuchter Baukonsens, darf allein um deswillen nicht versagt werden, weil eine dem Gesetze vom 2. Juli 1875 entsprechende Festsetzung von Fluchtlinien für das zu bebauende Terrain noch nicht stattgefunden hat. Mit dem Tage, an welchem die im § 8 des Gesetzes v. 2. Juli 1875 vorgeschriebene Offenlegung des Planes beginnt, tritt „die Beschränkung" des Grundeigenthümers, daß Neu-, Um- und Ausbauten über die Fluchtlinie hinaus versagt werden, „endgültig" ein. Wäre bis zum Zustandekommen des Planes der Eigenthümer überhaupt nicht in der Lage zu bauen, so würden seine Rechte von jenem Zeitpunkt ab nicht sowohl eine „Beschränkung" als eine Erweiterung erfahren. Entsch. d. Ober-Verw.-Ger. v. 2. Juni 1877 — Bd. II S. 362.

Was unter „Um- und Ausbauten" zu verstehen, darüber fehlt es an einer genauen Begriffsbestimmung, weshalb es nach einer Entsch. des Ober-Verw.-Ger. vom 3. Mai 1880 — Bd. VI S. 325 — der richterlichen Beurtheilung unterliegt, nach den jedesmaligen Umständen unter Berücksichtigung aller in Betracht kommenden Momente, namentlich des Umfanges der Anlage und ihres Einflusses auf den früheren Zustand, darüber zu befinden, ob ein Um- oder Ausbau als vorhanden anzunehmen ist.

„Um- und Ausbauten" stehen in der Mitte zwischen Neubau und Reparatur. Namentlich der Gegensatz zur letzteren, zur Wiederherstellung einzelner abgängig gewordenen Theile eines Bauwerks, wird für zweifelhafte Fälle ein Merkmal an die Hand geben können. Im Besonderen setzt ein „Umbau“ eine mehr oder minder veränderte Gestalt des Bauwerks, sei es im Aeußeren, sei es im Inneren voraus; man spricht von ihm hauptsächlich dann, wenn die Umgestaltung behufs einer von der bisherigen abweichenden Benutzung des Bauwerks vorgenommen wird. Deshalb brauchen, sobald ein derartiger Zweck feststeht, die baulichen Veränderungen, aus welchen sich der Umbau zusammensetzt, weder der Zahl noch der Art nach sehr erheblich zu sein. — Die Bezeichnung „Ausbau“ stellt man im gewöhnlichen Leben meistens dem „Rohbau“ entgegen, als Inbegriff derjenigen Maßregeln, wodurch das Bauwerk im Innern seinem Zwecke entsprechend hergerichtet wird; das Wort mag hier aber vielleicht zugleich in dem Sinne von „Hinausbau“ gemeint sein, jedenfalls ist letzterer so gut untersagt, wie der Umbau.

Bei einem Neubau und Hinausbau ergiebt sich von selbst, ob die Fluchtlinie überschritten wird; bei einem Um- oder Ausbau ist die Frage häufig nicht leicht zu beantworten. Denn es wäre sicherlich eine zu enge Auffassung des gesetzlichen Ausdrucks: „über die Fluchtlinie hinaus“, wenn man verlangen wollte, die baulichen Aenderungen selbst müßten stets an der Fluchtlinie, von der Straße aus gerechnet, liegen. Durchschneidet nun die Fluchtlinie den Raum, welcher umgestaltet werden soll, so handelt es sich zweifellos um einen Aus- oder Umbau über die Fluchtlinie hinaus. Entsch. d. Ober-Verw.-Ger. vom Mai 1880 — Bd. VI S. 325. Andererseits läßt sich ebenso gewiß ein Um- oder Ausbau in einem an der Fluchtlinie weit abliegenden Theile des Gebäudes, vielleicht einem Seitenflügel, nicht als verboten betrachten. Die richtige Grenze ist hier unter Berücksichtigung der Verhältnisse des einzelnen Falles nach verständigem Ermessen zu finden. (Friedrichs, das Fluchtliniengesetz v. 2. Juli 1875, S. 33.)

Unter „Neubau“ wird man jede selbstständige neue bauliche Anlage verstehen müssen, also Alles, was nach dem Sprachgebrauche „gebaut“ wird, nicht blos Gebäude, Häuser und was dem gleichsteht, sondern auch offene Schuppen, Thürme, Denkmäler, Thore, Portale, Mauern und Zäune, (auch Lattenzäune, behufs Einfriedigung eines Grundstücks). Welches Material dabei zur Verwendung kommt (Steine, Eisen, Holz u. s. w.) ist an sich ohne Einfluß. Entsch. d. Ober-Verw.-Ger. v. 25. August 1879, v. 15. November 1880 und v. 14. Juni 1881 — Bd. VII S. 321.

Während bei der „Reparatur" der Ersatz einzelner abgängig gewordener Theile das Charakteristische ist, spricht man von einem „Umbau" da, wo es sich um eine mehr oder weniger eingreifende, das Bauwerk theilweise umgestaltende Veränderung der Substanz im Aeußern oder Innern handelt, insbesondere, wenn dabei beabsichtigt wird, dem Bauwerk eine andere Zweckbestimmung zu geben, z. B. ein bisher zu ökonomischen Zwecken dienendes Gebäude zu Wohnzwecken umzugestalten.

Das Wort „Ausbau" wird im technischen Sprachgebrauch gewöhnlich als Gegensatz zum „Rohbau" oder „Massenbau" angewendet — zur Bezeichnung derjenigen Operationen, welche namentlich die innere Einrichtung des Gebäudes für seine besonderen Zwecke im Auge haben. In diesem Sinne spricht man daher auch vom „inneren Ausbau" und bezeichnet damit die Arbeiten des Malers, Tischlers 2c., kurz gesagt: alles, was zur inneren Einrichtung nothwendig ist. Entsch. des Ober-Verw.-Ger. v. 15. September 1881 — Bd. VIII S. 294.

Ein Umbau setzt aber keineswegs nothwendig eine von der bisherigen abweichende Zweckbestimmung des Gebäudes voraus. Entsch. d. Ober-Verw.-Ger. v. 30. Januar 1882 — Bd. VIII S. 309.

Die an sich in dem Eigenthum liegende Befugniß, von dem Besitze und der Nutzung desselben jeden anderen auszuschließen, geht dadurch nicht verloren, daß ein Grundstück als für eine künftige Straße oder einen öffentlichen Platz bestimmt in einem Bebauungsplan verzeichnet wird. War der bisherige Eigenthümer an sich und bis zum Abschlusse des aufgestellten Bebauungsplanes berechtigt, jeden Dritten daran zu hindern, daß er sein Eigenthum befuhr oder betrat — eine Befugniß, die ihm nicht zu bestreiten ist —, so bleibt ihm dies Recht auch nach Aufstellung und Abschluß des Bebauungsplanes und nach Auslegung der Fluchtlinien so lange, als das Terrain noch in seinem Besitze belassen wird. Nur Bauten darf er darauf nicht errichten; das Setzen von Sperrpfählen ist aber als eine bauliche Anlage nicht anzusehen. Entsch. des Ober-Verw.-Ger. vom 7. Juni 1883 — Bd. X S. 298 (siehe Parey, Rechtsgrundsätze S. 418).

Die Minister des Innern und für öffentliche Arbeiten haben zur Herbeiführung eines einheitlichen Verfahrens in Behandlung der Baugesuche nachstehenden Erlaß an die Behörden gerichtet:

Nach § 11 des Gesetzes, betr. die Anlegung und Aenderung von Straßen und Plätzen in Städten und ländlichen Ortschaften vom 2. Juli 1875 tritt mit dem Tage, an welchem die im § 8 vorgeschriebene Offenlegung der festgestellten Straßen- und Baufluchtpläne beginnt, die Beschränkung des Grundeigenthums dahin endgiltig ein, daß Neubauten, sowie Um- und Ausbauten über die Fluchtlinie hinaus versagt werden können. Diese Bestimmung verfolgt den Zweck, die Gemeinden dagegen zu schützen, daß durch eine inzwischen vorgenommene bauliche Veränderung der Werth eines ganz oder theilweise zu Straßenzwecken bestimmten Grundstückes gesteigert und die Gemeinde dadurch in die Lage versetzt wird, dem Eigenthümer bei der demnächstigen Abtretung eine höhere Entschädigung als zum Zeitpunkte der Fluchtlinien-Festsetzung zahlen zu müssen. Es sind darüber Zweifel entstanden, wie sich im Hinblick auf diese Absicht des § 11 die Polizeibehörde bei der Behandlung der an sie herantretenden Gesuche auf Genehmigung von Bauten der gedachten Art zu verhalten hat. Behufs Herbeiführung eines gleichmäßigen Verfahrens in diesem Punkte sehen wir uns im Verfolge dessen veranlaßt, dahin

Bestimmung zu treffen, daß fortan die Polizeibehörde in eine Prüfung der betreffenden Gesuche erst dann einzutreten hat, wenn von dem Unternehmer die Einwilligung der Gemeinde zu dem beabsichtigten Bau in einer der Polizeibehörde genügende Sicherheit bietenden Weise beigebracht worden ist und daß, wenn diese Einwilligung entweder nicht ertheilt oder aber die zur Beibringung derselben event. zu bestimmende Frist nicht innegehalten worden ist, die nachgesuchte Genehmigung auf Grund der Vorschriften im § 11 zu versagen ist. Wird dagegen die Einwilligung nachgewiesen, so hat die Polizeibehörde nach Maßgabe der in Betracht zu ziehenden polizeilichen Gesichtspunkte die Erörterung des Gesuchs zu veranlassen und dasselbe in gewöhnlicher Weise zu erledigen. Es bedarf hierbei keiner besonderen Hervorhebung, daß das in Vorstehendem geordnete Verfahren dazu bestimmt sein kann, um unberechtigten Ansprüchen der Gemeinden Vorschub zu leisten. Wenn daher die Polizei-Behörden die pflichtmäßige Ueberzeugung gewinnen sollten, daß von den Gemeindebehörden die Einwilligung zur Ausführung eines Baues über die Fluchtlinie an Bedingungen geknüpft werde, welche über das Maß des Nothwendigen hinaus der Gemeinde Vortheile zu verschaffen bezwecken oder aber die Einwilligung aus dem Grunde abgelehnt worden ist, weil der Unternehmer sich derartigen Bedingungen nicht fügen will, so hat die Polizeibehörde hiervon ihrer vorgesetzten Behörde Anzeige zu erstatten, welche letztere und zwar, so weit sie nicht zugleich Kommunal-Aufsichtsbehörde ist, nach Kommunikation mit der letzteren die erforderliche Abhilfe eintreten zu lassen, bezw. darüber Entscheidung zu treffen hat, ob trotz der versagten Einwilligung die Baugenehmigung zu ertheilen ist.

Baubeschränkung durch Ortsstatut.

§ 12. Durch Ortsstatut kann festgestellt werden, daß an Straßen oder Straßentheilen, welche noch nicht gemäß der baupolizeilichen Bestimmungen des Orts für den öffentlichen Verkehr und den Anbau fertig hergestellt sind, Wohngebäude, die nach diesen Straßen einen Ausgang haben, nicht errichtet werden dürfen.

Das Ortsstatut hat die näheren Bestimmungen innerhalb der Grenze vorstehender Vorschrift festzusetzen und bedarf der Bestätigung des Bezirks-Ausschusses (§ 28 Landesverw.-Ges. vom 30. Juli 1883). Gegen den Beschluß des Bezirksausschusses ist innerhalb einer Präklusivfrist von zwei Wochen (§ 51 a. a. O.) die Beschwerde bei dem Provinzialrathe zulässig.

Nach erfolgter Bestätigung ist das Statut in ortsüblicher Weise bekannt zu machen.

Die Bestimmung des § 12 Abs. 1 des Gesetzes vom 2. Juli 1875 ist nicht auf bereits bestehende Straßen zu beziehen, welche von den Kommunen längst ohne Widerspruch zur Pflasterung, Beleuchtung und zu den sonstigen kommunalen Verpflichtungen für öffentliche Straßen übernommen sind, sondern nur auf projektirte, noch nicht fertig gestellte oder polizeiwidrig angelegte Straßen und Straßentheile.

Aeltere Straßen werden von dieser Bestimmung selbst dann nicht betroffen, wenn vor dem Neubau eines Hauses neue baupolizeiliche Bestimmungen erlassen oder die Fluchtlinien anderweit festgesetzt sind.

Entsprechen die älteren Straßen diesen neuen Bestimmungen nicht, so sind sie deshalb keineswegs als noch nicht fertig gestellte im Sinne des Gesetzes anzusehen.

Ohne Entschädigung können deshalb Hausbesitzer in solchen älteren Straßen nicht angehalten werden, den neuen Bestimmungen entsprechend zu bauen. Entsch. des Ober-Verw.-Ger. v. 25. April 1878 — Bd. III S. 304 — (siehe Parey, Rechtsgrundsätze, S. 398).

Eine mit Pflaster, Rinnsteinen und Beleuchtung versehene Straße, hinsichtlich deren die Gemeinde die ihr auch bei anderen Straßen obliegenden Verpflichtungen thatsächlich übernommen hat, wird regelmäßig als eine alte Straße zu behandeln sein. Entsch. d. Ober-Verw.-Ger. Bd. III S. 318 und Bd. V S. 391.

Für die Frage, ob eine Straße zu den noch nicht gemäß der baupolizeilichen Bestimmungen des Orts für den öffentlichen Verkehr und den Anbau fertig hergestellten Straßen

(§ 12 des Gesetzes vom 2. Juli 1875) gehört, ist es nicht von Bedeutung, daß die angrenzenden Grundstücke — wenigstens beiderseits — noch nicht bebaut, zum Theil überhaupt noch nicht bebauungsfähig sind, oder daß in Beziehung auf eine längst bestehende Straße neuerlich die bis dahin eingehaltene Fluchtlinie anderweit festgesetzt worden ist. Maßgebend bleibt zunächst die Beschaffenheit des Straßenkörpers, nicht die Beschaffenheit der angrenzenden Grundstücke. Entsch. d. Ober-Verw.-Ger. v. 2. Dezember 1878 — Bd. V S. 341.

Wenn in den baupolizeilichen Vorschriften (Polizei-Verordnungen, cfr. § 12 des Gesetzes vom 2. Juli 1875) unterschieden werden

1. Straßen, welche nach Erlaß der qu. Verordnung angelegt werden,
2. gegenwärtig vorhandene Straßen,

so kann man die letztere Kategorie auch „historische" Straßen nennen. (Entsch. d. Ober-Verw.-Ger. v. 25. April 1878 — Bd. III S. 304). Das Merkmal einer älteren fertigen Straße bestimmt sich nicht bloß durch den älteren fertigen Zustand, sondern ist auch da nicht gegeben, wo die thatsächliche Anlage den bisherigen baupolizeilichen Bestimmungen des Orts nicht entspricht.

Zu den „neuen" Straßen im Sinne des Gesetzes müssen auch die noch nicht für den öffentlichen Verkehr und den Anbau nach früherem Rechte fertig hergestellten oder die polizeiwidrig angelegten Straßen gezählt werden.

Privatstraßen können zwar „vorhanden", aber doch den baupolizeilichen Bestimmungen des Orts nicht entsprechende, also unfertige sein, und dann gehören sie zu den „neuen" und nicht zu den „historischen". Dieselben unterliegen mithin auch den etwa durch Polizeiverordnung höher gestellten Anforderungen. Entsch. d. Ober-Verw.-Ger. v. 6. November 1882 — Bd. IX S. 319 — (siehe Parey, Rechtsgrundsätze, S. 416); vgl. auch Entsch. d. Ober-Verw.-Ger. v. 25. April 1878 und v. 2. Dezember 1878 — Bd. III S. 304 und Bd. V S. 341.

Das Bauverbot darf nicht alle Wege innerhalb der Feldmark, sondern nur projektirte Straßen umfassen. Zu den letzteren gehören zweifellos diejenigen, welche in einen Bebauungsplan aufgenommen sind oder für welche eine eigene Fluchtlinienfestsetzung stattgefunden hat. Aber auch andere Wege können dazu gerechnet werden, wenn nach den Umständen anzunehmen ist, daß man es mit einer in der Entstehung begriffenen Straße zu thun hat. Entsch. d. Ober-Verw.-Ger. v. 18. November 1878, v. 15. und 18. September 1879 und v. 20. November 1879, siehe Friedrichs, Fluchtliniengesetz S. 43, 44.

Der § 12 des Gesetzes vom 2. Juli 1875 handelt von projektirten oder doch von solchen Straßen, deren Hineinziehung in das städtische Straßennetz und dereinstige Verwendung als städtische Straße nach dem voraussichtlichen Bedürfnisse der näheren Zukunft oder einer absehbar ferneren Zeit bereits in Aussicht genommen ist, welche aber zu der Zeit, da der Anbau vorgenommen werden soll, noch nicht fertig gestellt sind (vergl. oben Entsch. d. Ober-Verw.-Ger. v. 25. April 1878).

Das Gesetz spricht von „Straßen", d. h. von Verkehrswegen, die an sich zum Anbau und zur Vermittelung des Verkehrs nach den adjazirenden Häusern bestimmt sind und zwar von solchen Straßen, die „noch nicht" fertig gestellt sind, aber (das bildet die nothwendige Ergänzung des „noch nicht") demnächst fertig gestellt werden sollen nnd werden, die überhaupt als städtische Straßen projektirt und ins Auge gefaßt sind.

Das Baurecht an diesen „noch nicht" fertig gestellten Straßen ist durch das Gesetz nicht kassirt, sondern nur suspendirt und vertagt bis dahin, daß die Fertigstellung bewirkt ist für den Fall, daß eine solche überhaupt geplant und beabsichtigt ist, wobei es die Aufgabe der Polizeibehörde bildet, da, wo das Bedürfniß zu Tage tritt, auf die Projektirung der Straße zu dringen.

Dagegen erscheint es mit dem Zwecke und der Fassung

des Gesetzes unvereinbar, in Fällen, in welchen feststeht, daß die Umwandlung oder Verwendung eines Kommunikationsweges zu einer Straße, die Fertigstellung überhaupt nicht bewirkt werden soll, die baulustigen Adjazenten unter Verweisung auf das Gesetz am Anbau aus dem Grunde zu hindern, weil die Straße „noch nicht fertig gestellt" sei. Entsch. des Ober-Verw.-Ger. v. 19. November 1883 — Bd. X S. 310.

Wohngebäude im Sinne des § 12 des Gesetzes vom 2. Juli 1875 sind keineswegs auch solche, welche nur zu dauerndem Aufenthalte von Menschen dienen, wie z. B. Schulen, Fabriken, Werkstätten, Restaurants, Bahnhöfe, Wachtgebäude 2c., in denen es an Wohnräumen, d. h. zum Bewohnen bestimmten oder benutzten Räumen gänzlich fehlt. Ausschließlich zum Gewerbebetriebe bestimmte Fabrik- und Geschäftsräume lassen sich niemals als Wohnräume bezeichnen, denn das bei dem Gewerbebetriebe beschäftigte Personal wohnt nicht in ihnen. Entsch. d. Ober-Verw.-Ger. v. 10. November 1881 — Bd. VIII S. 316.

Dem ortsstatutarischen Verbote, an noch nicht fertig hergestellten Straßen „Wohngebäude zu errichten, welche nach diesen Straßen einen Ausgang haben", unterliegt auch der Anbau an ein älteres Wohngebäude (Erweiterungsbau), selbst wenn solcher nicht mit einem neuen eigenen Ausgange dorthin versehen, vielmehr lediglich auf die Mitbenutzung eines derartigen Ausgangs aus dem älteren Gebäudetheil angewiesen werden soll.

Der Zweck des § 12 des Gesetzes v. 2. Juli 1875 besteht darin, daß die Gemeinden gegen den Nachtheil geschützt werden sollen, welchen erfahrungsmäßig das wilde Bauen herbeiführt, indem schließlich die Gemeinden zur Herstellung von Straßen gezwungen werden, die an sich hätten entbehrt werden können.

Hierfür ist es gleichgültig, ob die Bewohner der neuen Gebäude ihren Ausgang nach der unfertigen Straße direkt aus dem Hause vermittelst des im Gebäude selbst angelegten neuen Ausgangs oder mittelbar durch einen bereits vorhandenen anderweitigen Ausgang etwa über einen Hof, durch den Garten oder durch ein anstoßendes Gebäude nehmen. Entsch. d. Ober-Verw.-Ger. v. 28. September 1882 — Bd. IX S. 315 — (siehe Parey, Rechtsgrundsätze S. 416).

Der § 12 des Baufluchtgesetzes vom 2. Juli 1875 ermächtigt die Polizeibehörde, auch dann die Anlegung von Thüren zu versagen, wenn letztere bei bereits vorhandenen Gebäuden an nicht regulirten Straßen geschehen soll, auch kommt es nicht darauf an, ob die Thür nicht direkt dem Wohnhause, sondern dem andern Theile des Grundstücks zum Ausgange dienen soll, denn thatsächlich dient sie auch dem Wohnhause als solcher. Entsch. d. Ober-Verw.-Ger. v. 20. März 1882 — Bd. VIII S. 342.

Eine polizeiliche Anordnung, betreffend die Wiederbeseitigung eines Ausgangs, welcher ein bereits errichtetes Wohngebäude dem Baukonsense zuwider mit einer noch nicht gemäß dem baupolizeilichen örtlichen Rechte fertig hergestellten Straße verbindet, ist als eine berechtigte anzusehen. Entsch. d. Ober-Verw.-Ger. v. 2. Oktober 1879 — Bd. V S. 385.

Das Verbot der Anlegung von straßenseitigen Hausausgängen mittelst Polizei-Verordnung ist zulässig, d. h. bei bereits vorhandenen älteren Gebäuden. Entsch. d. Ober-Verw.-Ger. v. 9. Mai 1881 — Bd. VIII S. 290.

Nach § 12 des Gesetzes vom 2. Juli 1875 kann durch Ortsstatut festgestellt werden, daß an Straßen oder Straßentheilen, welche noch nicht gemäß der baupolizeilichen Bestimmungen des Orts für den öffentlichen Verkehr und den Anbau fertig hergestellt sind, Wohngebäude, die nach diesen Straßen einen Ausgang haben, nicht errichtet werden dürfen. Diese Bestimmungen können vor oder nach Erlaß des Ortsstatuts getroffen werden; sie können aber nicht durch das Statut selbst gegeben werden, weil das Gesetz polizeiliche Vorschriften voraussetzt, welche, an eigene Formen in betreff ihres Erlasses wie ihrer Aufhebung gebunden, auch inhaltlich nach anderen, als den für die

Gemeinden maßgebenden Rücksichten zu bemessen sind. Entsch. d. Ober-Verw.-Ger. v. 13. Oktober 1877 — Bd. III S. 286.

Die Bestätigung des Statuts nach dem vorstehenden § 12 erfolgt für den Stadtkreis Berlin durch den Minister des Innern. (§ 146 des Zuständigkeitsgesetzes vom 1. August 1883).

Entschädigung wegen Baubeschränkung.

§ 13. Eine Entschädigung kann wegen der nach den Bestimmungen des § 12 eintretenden Beschränkung der Baufreiheit überhaupt nicht, und wegen Entziehung oder Beschränkung des von der Festsetzung neuer Fluchtlinien betroffenen Grundeigenthums nur in folgenden Fällen gefordert werden:

1. wenn die zu Straßen und Plätzen bestimmten Grundflächen auf Verlangen der Gemeinde für den öffentlichen Verkehr abgetreten werden;
2. wenn die Straßen- oder Baufluchtlinie vorhandene Gebäude trifft und das Grundstück bis zur neuen Fluchtlinie von Gebäuden freigelegt wird;
3. wenn die Straßenfluchtlinie einer neu anzulegenden Straße ein unbebautes, aber zur Bebauung geeignetes Grundstück trifft, welches zur Zeit der Feststellung dieser Fluchtlinie an einer bereits bestehenden und für den öffentlichen Verkehr und den Anbau fertig gestellten andern Straße belegen ist, und die Bebauung in der Fluchtlinie der neuen Straße erfolgt.

Die Entschädigung wird in allen Fällen wegen der zu Straßen und Plätzen bestimmten Grundfläche für Entziehung des Grundeigenthums gewährt. Außerdem wird in denjenigen Fällen der Nr. 2, in welchem es sich um eine Beschränkung des Grundeigenthums in Folge der Festsetzung einer von der Straßenfluchtlinie verschiedenen Baufluchtlinie handelt, für die Beschränkung des bebaut gewesenen Theiles des Grundeigenthums (§ 12 des Gesetzes über Enteignung von Grundeigenthum vom 11. Juni 1874) Entschädigung gewährt.

In allen obengedachten Fällen kann der Eigenthümer die Uebernahme des ganzen Grundstücks verlangen, wenn dasselbe durch die Fluchtlinie entweder ganz oder soweit in Anspruch genommen wird, daß das Restgrundstück nach den baupolizeilichen Vorschriften des Ortes nicht mehr zur Bebauung geeignet ist.

Bei den Vorschriften dieses Paragraphen ist unter der Bezeichnung Grundstück jeder im Zusammenhange stehende Grundbesitz des nämlichen Eigenthümers begriffen.

Eine Gemeinde, welche nach § 13 dieses Gesetzes zu entschädigen hat, ist, wenn über die Höhe der Entschädigung oder die Art der Festsetzung derselben eine Einigung mit dem Eigenthümer nicht zu Stande kommt, verpflichtet, die Festsetzung der Entschädigung gemäß § 24 des Enteignungsgesetzes vom 11. Juni 1874 zu beantragen, und zwar auch dann, wenn der Eigenthümer sich nicht geweigert hat, sein Grundstück bis zur Fluchtlinie freizulegen. Dem Eigenthümer steht das Recht zu, event. im Rechtswege zu verlangen, daß die Stadtgemeinde diesen Antrag stellt. Entsch. des Reichsgerichts v. 15. Januar 1880 — Bd. I S. 171.

Neben der Bestimmung im Abs. 2 des § 13 kommt der § 9 des Enteignungsgesetzes vom 11. Juni 1874 zur Anwendung. (Entsch. des Reichsgerichts v. 24. Juni 1880). Siehe auch die Entsch. d. Ober-Verw.-Ger. v. 2. Juni 1877 — Bd. II S. 362 — oben unter Anmerkungen zu § 1 des Gesetzes v. 2. Juli 1875, S. 38.

§ 14. Für die Feststellung der nach § 13 zu gewährenden Entschädigungen und die Vollziehung der Enteignung kommen die §§ 24 ff. des Gesetzes über Enteignung von Grundeigenthum vom 11. Juni 1874 zur Anwendung.

Streitigkeiten über Fälligkeit des Anspruchs auf Entschädigung gehören zur gerichtlichen Entscheidung.

Die Entschädigungen sind, soweit nicht ein aus besondern Rechtstiteln Verpflichteter dafür aufzukommen hat, von der Gemeinde aufzubringen, innerhalb deren Bezirk das betreffende Grundstück belegen ist.

Ortsstatut über Freilegung, erste Einrichtung, Entwässerung und Beleuchtung der Straße.

§ 15. Durch Ortsstatut kann festgesetzt werden, daß bei der Anlegung einer neuen oder bei der Verlängerung einer schon bestehenden Straße, wenn solche zur Bebauung bestimmt ist, sowie bei dem Anbau an schon vorhandenen bisher unbebauten Straßen und Straßentheilen von dem Unternehmer der neuen Anlage oder von den angrenzenden Eigenthümern — von letztern, sobald sie Gebäude an der neuen Straße errichten — die Freilegung, erste Einrichtung, Entwässerung und Beleuchtungsvorrichtung der Straße in der dem Bedürfnisse entsprechenden Weise beschafft, sowie deren zeitweise, höchstens jedoch fünfjährige Unterhaltung, beziehungsweise ein verhältnißmäßiger

Beitrag oder der Ersatz der zu allen diesen Maßnahmen erforderlichen Kosten geleistet werde. Zu diesen Verpflichtungen können die angrenzenden Eigenthümer nicht für mehr als die Hälfte der Straßenbreite, und wenn die Straße breiter als 26 Meter ist, nicht für mehr als 13 Meter der Straßenbreite herangezogen werden.

Bei Berechnung der Kosten sind die Kosten der gesammten Straßenanlage und beziehungsweise deren Unterhaltung zusammen zu rechnen und den Eigenthümern nach Verhältniß der Länge ihrer, die Straße berührenden Grenze zur Last zu legen.

Das Ortsstatut hat die näheren Bestimmungen innerhalb der Grenze vorstehender Vorschrift festzusetzen. Bezüglich seiner Bestätigung, Anfechtbarkeit und Bekanntmachung gelten die im § 12 gegebenen Vorschriften.

Für die Haupt- und Residenzstadt Berlin bewendet es bis zu dem Zustandekommen eines solchen Statuts bei den Bestimmungen des Regulativs vom 31. Dezember 1838.

Nach den Bestimmungen im § 15 Abs. 1 des Gesetzes vom 2. Juli 1875 sind Eigenthümer solcher Gebäude, welche bereits vor Anlegung der Straße errichtet waren, nicht beitragspflichtig. Der Zwischensatz — sobald sie Gebäude an der neuen Straße errichten — kann sowohl nach dem Wortlaute des Gesetzes wie nach den ihm zu Grunde liegenden Motiven nur auf solche Anlieger bezogen werden, welche erst nach Anlegung der Straße Gebäude daran herstellen. Entsch. d. Ober-Verw.-Ger. v. 12. Dezember 1877 — Bd. III S. 292.

Deshalb dient das Bauverbot des § 12 zur Sicherung der den Gemeinden im § 15 gegebenen Rechte; wo es nicht besteht, kann die Polizeibehörde nicht hindern, daß sämmtliche Grundstücke an der Straße bebaut werden und die Gemeinde demnächst die Straße lediglich auf eigene Kosten herstellen muß (siehe Friedrichs, Fluchtliniengesetz S. 56).

Weder nach allgemeinen Grundsätzen, noch nach den besonderen Vorschriften des Gesetzes vom 2. Juli 1875 ist es Aufgabe der Polizeibehörde, die Erfüllung oder Sicherheit der dem Einzelnen der Gemeinde gegenüber obliegenden Leistungen mittelbar oder unmittelbar zu erzwingen. Ebensowenig ist es gerechtfertigt, die Ertheilung eines Baukonsenses polizeilicherseits einem Unternehmer so lange zu versagen, bis er gethan oder geleistet hat, was die Gemeinde auf Grund des § 15 des Gesetzes und eines darnach erlassenen Ortsstatuts von ihm fordern zu können glaubt. Die polizeiliche Erlaubniß zum Anbau an einer neuen Straße darf nicht zu dem Zwecke an Bedingungen geknüpft werden, um die Erfüllung der dem Bauunternehmer in Betreff der Kosten der Straßenanlagen obliegenden (kommunalen) Verpflichtungen herbeizuführen. Entsch. des Ober-Verw.-Ger. v. 18. November 1878, v. 6. Dezember 1878 — Bd. IV S. 368, v. 6. Februar 1879 und v. 19. Juni 1879 — Bd. V S. 465.

Die Bestätigung des Statuts nach dem vorstehenden § 15 erfolgt für den Stadtkreis Berlin durch den Minister des Innern (§ 146 des Zuständigkeitsgesetzes v. 1. August 1883).

§ 16. Gegen die Beschlüsse des Kreisausschusses steht dem Betheiligten in den Fällen der §§ 5, 8, 9 die Beschwerde bei dem Bezirksausschusse innerhalb einer Präklusivfrist von zwei Wochen zu. (L. V. G. § 51.) In den Fällen, in denen es sich um Wiederbebauung ganzer durch Brand oder andere Ereignisse zerstörter Ortstheile handelt, tritt an die Stelle dieser Präklusivfrist eine solche von zwei Wochen. (L. V. G. § 51.)

§§ 17 und 18 sind aufgehoben durch § 146 des Zuständigkeitsgesetzes vom 1. August 1883.

§ 19. Alle den Bestimmungen dieses Gesetzes entgegenstehenden allgemeinen und besonderen gesetzlichen Vorschriften werden hierdurch aufgehoben.

Alle Bestimmungen der im Verwaltungswege erlassenen Bauordnungen, sonstigen polizeilichen Anordnungen und Ortsstatuten, welche mit den Vorschriften dieses Gesetzes in Widerspruch stehen, treten außer Kraft.

§ 20. Der Minister für Handel wird mit der Ausführung dieses Gesetzes beauftragt.

Ministerial-Erlaß,
betr. die Vorschriften für die Aufstellung von Fluchtlinien und Bebauungsplänen vom 28. Mai 1876.

Auf Grund des § 20 des Gesetzes, betreffend die Anlegung von Straßen und Plätzen in Städten und ländlichen Ortschaften vom 2. Juli 1875 (Ges.-S. S. 561 ff.) werden zur Herbeiführung eines zweckentsprechenden und möglichst gleichförmigen Verfahrens bei Festsetzung von Fluchtlinien sowie zur Beschaffung genügender Grundlagen für die Beurtheilung der Zweckmäßigkeit der beabsichtigten Fluchtlinien-Festsetzung nachstehende Ausführungs-Vorschriften erlassen.

Allgemeine Bestimmungen.

§ 1. Für die Festsetzung von Fluchtlinien (§§ 1—4 des Gesetzes vom 2. Juli 1875) sind der Regel nach und soweit nicht nachstehend (§ 13) Ausnahme-Bestimmungen getroffen worden, folgende Vorlagen zu machen.

I. Situationspläne und zwar:

a) Fluchtlinienpläne, sofern es um die Festsetzung von Fluchtlinien bei Anlegung oder Veränderung von einzelnen Straßen oder Straßentheilen sich handelt;

b) Bebauungspläne, sofern es um die Festsetzung von Fluchtlinien für größere Grundflächen und ganze Ortstheile sich handelt;

c) Uebersichtspläne.

II. Höhen-Angaben. Hierunter werden verstanden:

a) Längen-Profile;

b) Quer-Profile;

c) Horizontal-Kurven und Höhenzahlen in den Situationsplänen.

III. Erläuternde Schriftstücke.

§ 2. Diese Vorlagen sollen:

a) den gegenwärtigen Zustand;

b) den Zustand, welcher durch die nach Maßgabe der beabsichtigten Fluchtlinien-Festsetzung erfolgende Anlegung von Straßen und Plätzen herbeigeführt werden soll, klar und bestimmt darstellen.

Dieselben müssen durch einen vereideten Feldmesser aufgenommen oder als richtig bescheinigt und durch einen geprüften Baumeister oder einen im Kommunaldienste angestellten Baubeamten, durch welche die Richtigkeit der Aufnahme gleichfalls bescheinigt werden kann, mindestens unter Mitwirkung eines solchen bearbeitet und dem entsprechend unterschriftlich vollzogen sein.

A. Darstellung des gegenwärtigen Zustandes.

I. Situationspläne.

§ 3. Der Maßstab, in welchem die Situationspläne (Fluchtlinien- und Bebauungspläne) entworfen werden, darf in der Regel nicht kleiner sein als 1 : 1000. Zusammenhängende Straßenzüge sind im Zusammenhange zur Darstellung zu bringen. Erhalten in Folge dessen größere Bebauungspläne eine für ihre Benutzung unbequeme Ausdehnung (§ 12), so darf für dieselben zwar ein kleinerer Maßstab, bis 1 : 2500, angewendet werden, es ist in diesem Falle aber für jede Straße, deren Fluchtlinien festgesetzt werden sollen, ein besonderer Fluchtlinienplan im Maßstabe von mindestens 1 : 1000 beizubringen.

Jedes Projekt erfordert die Beifügung eines Uebersichtsplanes, für welchen ein vorhandener gedruckter oder gezeichneter Plan, oder auch ein Auszug aus einem solchen verwendet werden kann.

§ 4. Durch die Situationspläne soll das in Betracht zu ziehende Terrain mit seinen Umgebungen in solcher Ausdehnung dargestellt werden, daß die im Interesse des Verkehrs, der Feuersicherheit und der öffentlichen Gesundheit zu stellenden Anforderungen (§ 3 des Gesetzes vom 2. Juli 1875) ausreichend beurtheilt werden können.

Alle vorhandenen Baulichkeiten, Straßen, Wege, Höfe, Gärten, Brunnen, offene und verdeckte Abwässerungen ꝛc., ferner alle Gemarkungs-, Besitzstands- und Kulturgrenzen müssen in den Plänen mit schwarzen Linien dargestellt und, soweit es zur Deutlichkeit erforderlich, mit charakterisirenden Farben, jedoch nur blaß angelegt sein. In die Situationspläne sind ferner die Nummern oder sonstigen Bezeichnungen, welche die einzelnen Grundstücke im Grundbuche, beziehungsweise wo Grundbücher nicht vorhanden sind, im Grundsteuer-Kataster führen und die Namen der Eigenthümer einzuschreiben.

Die auf den gegenwärtigen Zustand bezüglichen Schriftzeichen und Zahlen sind schwarz zu schreiben. Jeder Plan ist mit der geographischen Nordlinie und einem Maßstabe zu versehen.

II. Höhen-Angaben.

§ 5. Die Höhen-Angaben müssen sich auf einen speziell zu bezeichnenden, möglichst allgemein bekannten festen Punkt, etwa auf den Nullpunkt eines in der Nähe befindlichen Pegels, am Besten auf den Nullpunkt des Amsterdamer Pegels beziehen und ausschließlich in positiven Zahlen erscheinen.

Von jeder in einem Fluchtlinien- oder Bebauungsplan projektirten Straße ist, insoweit nicht nach den Ausnahmebestimmungen des § 13 davon abgesehen werden darf, ein Längenprofil im Längenmaßstabe des dazu gehörigen Situationsplanes und im Höhenmaßstabe von 1 : 100 beizubringen.

Die Linie des in der Regel durch die Mitte des Straßendammes zu legenden und in Stationen von je 100 m Länge mit den erforderlichen Zwischenstationen von mindestens je 50 m Entfernung einzutheilenden Nivellementszuges ist mit ihrer Stationirung in den zugehörigen Situationsplänen roth punktirt anzugeben.

Wo erhebliche Aenderungen in der Terrainoberfläche in Aussicht genommen werden, oder wo naheliegende Gebäude, Mauern, abgehende Wege u. s. w. eine besondere Berücksichtigung verlangen, sind Querprofile aufzunehmen. Diese sind in einem Maßstabe, der nicht kleiner als 1 : 250 sein darf, zu zeichnen und zur Nummerirung, sowie zu den Ordinaten des Längenprofils übersichtlich in Beziehung zu bringen. Sind dieselben nicht rechtwinklich zum Hauptnivellement aufgenommen, so ist ihre Lage auch im Situationsplan anzugeben.

In den Bebauungsplänen ist außerdem bei hügeligem oder gebirgigem Terrain auf Grund eines Nivellements-Netzes die Gestaltung der Terrainoberfläche durch Horizontal-Kurven in Höhenabständen von je 1 m bis 5 m mittelst schwarz punktirter Linien und beigeschriebenen Höhenzahlen übersichtlich darzustellen.

Alle Höhenzahlen werden in Metern angegeben und auf zwei Decimalstellen abgerundet.

§ 6. Aus den Höhenangaben muß die Höhenlage sowohl der vorhandenen Straßen und Wege, als auch ihrer Umgebungen in solcher Ausdehnung hervorgehen, daß die Forderungen des Verkehrs und der zukünftigen Entwässerung, nicht minder die Bedingungen einer etwaigen späteren Fortsetzung vollständig beurtheilt werden können.

Die höchsten und niedrigsten Stände aller Gewässer, welche auf die projektirten Anlagen von Einfluß sein können, sowie vorhandene Fachbäume und Pegel, insbesondere die **Grundwasserstände**, soweit deren Ermittelung bereits ausgeführt ist, oder im speciellen Falle nothwendig erscheint, die Tiefen der etwa vorkommenden Moore oder sonstiger, die Straßenanlegung benachtheiligender Bodenschichten, die Thürschwellen der vorhandenen Gebäude, die Schienenhöhe naheliegender Eisenbahnen u. s. w., ebenso alle Festpunkte, an welche das Nivellement angeschlossen worden, müssen in den Profilen vollständig bezeichnet sein. In denselben werden die Wasserspiegel blau ausgezogen und beschrieben, dagegen alle sonstigen bestehenden Gegenstände, nicht minder die Ordinaten in schwarzer Farbe und Schrift angegeben. Die Terrainlinien braun unterwaschen, die Bodenschichten mit charakterisirenden Farben angelegt.

B. Darstellung des Zustandes, welcher durch die nach Maßgabe der beabsichtigten Fluchtlinien-Festsetzung erfolgende Anlegung von Straßen und Plätzen herbeigeführt werden soll.

Allgemeines.

§ 7. Die Aufstellung der Projekte bedingt eine sorgfältige Erwägung des gegenwärtig vorhandenen, sowie des in der näheren Zukunft voraussichtlich eintretenden öffentlichen Bedürfnisses unter besonderer Berücksichtigung der in dem § 3 des Gesetzes vom 2. Juli 1875 hervorgehobenen Gesichtspunkte.

Im Interesse der Förderung der öffentlichen Gesundheit und Feuersicherheit ist auch auf eine zweckmäßige Vertheilung der öffentlichen Plätze sowie der Brunnen Bedacht zu nehmen.

Betreffs der Straßenbreiten empfiehlt es sich, bei neuen Straßenanlagen die Grenzen, über welche hinaus die Bebauung ausgeschlossen ist:

a. bei Straßen, welche als Hauptadern des Verkehrs die Entwickelung eines lebhaften und durchgehenden Verkehrs erwarten lassen, nicht unter 30 m;

b. bei Nebenverkehrsstraßen von beträchtlicher Länge nicht unter 20 m;

c. bei allen anderen Straßen nicht unter 12 m anzunehmen.

Bei den unter a und b bezeichneten Straßen ist ein Längengefälle von nicht mehr als 1 : 50 bezw. von 1 : 40, bei Rinnsteinen ein solches von nicht weniger als 1 : 200 nach Möglichkeit anzustreben.

Besonderes.

I. Situationspläne.

§ 8. Die anzulegenden oder zu verändernden Straßen und Plätze sind in dem Uebersichtsplane mit rother Farbe deutlich zu bezeichnen.

In die Situationspläne sind die projektirten Baufluchtlinien mit kräftigen zinnoberrothen Strichen einzutragen. Fallen dieselben mit den Straßenfluchtlinien nicht zusammen, so sind die letzteren mit minder kräftigen Strichen auszuziehen und ist der Raum zwischen beiden blaßgrün anzulegen. Die projektirten Rinnsteine werden durch scharfe dunkelblaue Linien, verdeckte Abwässerungen punktirt, unter Bezeichnung der Gefällrichtung mittelst blauer Pfeile, angedeutet, die Straßen und öffentlichen Plätze blaßroth, diejenigen Straßenseiten, welche nicht bebaut werden sollen, grün angelegt. Vorhandene Gebäude oder Theile derselben, welche bei der späteren, nach Maßgabe der Fluchtlinien-Festsetzung erfolgenden Freilegung nicht beseitigt zu werden brauchen, sind in ihren charakterisirenden Farben dunkler anzulegen, als die abzubrechenden.

Die Namen, Nummern oder sonstigen Bezeichnungen der projektirten Straßen und Plätze, ingleichen die Breiten derselben werden mit zinnoberrothen Schriftzeichen und Zahlen in die Situationspläne eingeschrieben.

II. Höhenangaben.

§ 9. In den Längen-Profilen werden die projektirten Höhenlagen der Straßenzüge, speziell die Kronenlinien der künftigen Straßenbefestigung mit zinnoberrothen Linien ausgezogen, und die Aufträge blaßroth, die Abträge grau angelegt. In dieselben sind ferner die Brücken, Durchlässe, unterirdischen Wasserabzüge rc. unter Angabe der lichten Weiten und Höhen einzutragen.

An allen Brechpunkten der Gefälle, an sämmtlichen Kreuzungs- oder Abzweigungspunkten von Straßen und an sonst charakteristischen Stellen werden die betreffenden Ordinaten zinnoberroth ausgezogen und mit den zugehörigen Zahlen ebenso beschrieben. Dagegen erhalten die auf die Abwässerung bezüglichen Höhenzahlen die blaue Farbe.

Die Längen der Straßenzüge von einem Brechpunkte des Gefälles bis zum nächstfolgenden werden zusammen mit der Verhältnißzahl des Gefälles in zinnoberrother Farbe über das Profil, die Namen, Nummern oder sonstigen Bezeichnungen der Straßen übereinstimmend mit dem Situationsplane, über oder unter dasselbe geschrieben.

Wenn zu einem Situationsplane mehrere Längenprofile gehören, so ist auf eine deutliche und übereinstimmende Bezeichnung der Anschlußpunkte unter schärferer Hervorhebung der Anschluß-Ordinaten zu achten.

§ 10. Von jeder Straße, deren Fluchtlinien festgesetzt werden sollen, sind mindestens so viele Querprofile zu entwerfen, wie dieselbe von einander abweichende Breiten erhält. Wo die im § 5 angegebenen besonderen Verhältnisse obwalten, sind die Querprofile entsprechend zu vermehren und zu erweitern.

Die geographische Behandlung der Querprofile entspricht derjenigen der Längenprofile.

III. Erläuternde Schriftstücke.

§ 11. Den Fluchtlinien- und Bebauungsplänen sind schriftliche Erläuterungen beizufügen, in welchen unter Darlegung der bisherigen Beschaffenheit, Benutzungsart und Entwässerung des zu bebauenden

Terrains und der Veranlassung zur Aufstellung des Projekts die bezüglich der Lage, Breite und sonstigen Einrichtung der Straßen, der Entwässerung derselben ꝛc. beabsichtigten Anordnungen zu beschreiben und wo es erforderlich ist, eingehend zu motiviren sind.

Dem Erläuterungsbericht sind beizufügen:

1. Ein Straßenverzeichniß, d. i. eine tabellarisch geordnete Uebersicht der Straßen und Plätze, welche verändert, verlängert oder neu angelegt werden sollen.

In das Verzeichniß sind aufzunehmen:

a) die Namen, Nummern oder sonstigen Bezeichnungen;
b) die Breiten jeder Straße zwischen den Baufluchts- bezw. den Straßenfluchtlinien;
c) die Gefällverhältnisse und Längen-Ausdehnung der Straßen nach ihren verschiedenartigen Abschnitten und im Ganzen.

2. Ein Vermessungsregister des von der Festsetzung der neuen Fluchtlinien betroffenen Grundeigenthums.

Dasselbe muß gleichfalls tabellarisch geordnet, unter angemessener Bezugnahme auf den Situationsplan und das Straßenverzeichniß enthalten:

a) den Namen, Wohnort ꝛc. des betheiligten Eigenthümers;
b) die Nummer oder sonstige Bezeichnung, welche das Grundstück im Grundbuche bezw. Grundsteuer-Kataster führt;
c) die Größe der zu Straßen und Plätzen für den öffentlichen Verkehr abzutretenden Grundflächen;
d) deren Benutzungsart;
e) die Bezeichnung und Beschreibung der vorhandenen Gebäude oder Gebäudetheile, welche von einer Straßen- oder Baufluchtlinie getroffen werden oder sonst zur Freilegung derselben beseitigt werden müssen;
f) die Größe der Restgrundstücke;
g) die Angabe, ob dieselben nach den baupolizeilichen Vorschriften des Orts noch zur Bebauung geeignet bleiben oder nicht.

§ 12. Die Zeichnungen und Schriftstücke sind nicht gerollt, vielmehr in einer Mappe oder in actenmäßigem Formate zur Vorlage zu bringen. Den einzelnen Plänen, welche auf Leinwand zu ziehen, mindestens aber mit Band einzufassen sind, ist kein größeres Format, als dasjenige von 0,50 zu 0,66 m zu geben, und sind dieselben erforderlichen Falls klappenartig aneinander zu fügen.

Ausnahme-Bestimmungen.

§ 13. Die beizubringenden Vorlagen können auf einen Situationsplan mit den erforderlichen Erläuterungen beschränkt bleiben:

a) bei einer einfachen Regulirung oder Veränderung vorhandener Straßen, mit der eine Veränderung der Höhenlage des Straßendammes nicht verbunden ist;

b) bei einer nicht erheblichen Erweiterung ländlicher Ortschaften und kleiner Städte, die nicht in unmittelbarer Nähe großer Städte liegen, sofern die Erweiterung nicht zu größeren Fabrikanlagen, zu Eisenbahnhöfen, Begräbnißstätten oder sonstigen Anlagen, die auf die Feuersicherheit, die Verkehrsverhältnisse und die öffentliche Gesundheit von Einfluß sein können, in Beziehung stehen;

c) bei einer Fluchtlinienfestsetzung, die wegen besonderer Dringlichkeit schleunigst zu erfolgen hat und für die nach dem übereinstimmenden Urtheile des Vorstandes und der Vertretung der Gemeinde, sowie der Ortspolizeibehörde die Beibringung ausführlicher Vorlagen entbehrlich erscheint.

Außerdem bleibt es derjenigen Behörde, welche zunächst über die Fluchtlinienfestsetzung zu befinden hat, vorbehalten, in sonstigen, besonders motivirten Fällen die Vereinfachung der Vorlagen ausnahmsweise für zulässig zu erklären und zu bestimmen, welche Theile der vorstehenden Vorschriften (§§ 1—12) unausgeführt bleiben dürfen.

In allen diesen Ausnahmefällen einschließlich der unter a, b und c aufgeführten, kann von den Behörden, die über die Fluchtlinienfestsetzung nach dem Gesetze vom 2. Juli 1875 zu beschließen haben, in jedem Stadium des Verfahrens die weitere Vervollständigung der Vorlagen nach Maßgabe der in den §§ 1—12 gegebenen Vorschriften gefordert werden.

Titel III.

Ausführung von Bauten in der Nähe von Waldungen.

Die hierauf bezüglichen Bestimmungen des Feld- und Forst-Polizeigesetzes vom 1. April 1880 lauten:

Errichtung einer Feuerstelle.

§ 47. Wer in der Umgebung einer Waldung, welche mehr als ein Hundert Hektare im räumlichen Zusammenhange umfaßt, innerhalb einer Entfernung von fünfundsiebzig Metern eine Feuerstelle errichten will, bedarf einer Genehmigung derjenigen Behörde,*) welche für die Ertheilung der Genehmigung zur Errichtung von Feuerstellen zuständig ist. Vor der Aushändigung der Genehmigung darf die polizeiliche Bauerlaubniß nicht ertheilt werden.

Das Gesetz (§ 47 des Feld- und Forst-Polizeigesetzes vom 1. April 1880) verbietet nicht unbedingt jede Errichtung einer Feuerstelle innerhalb einer Entfernung von 75 m vom Walde, läßt vielmehr unter Umständen auch die Genehmigung einer solchen im Schutzstreifen zu, wenn mit demselben die Abwehr der Feuersgefahr vom Walde ebenso vollkommen erreichbar ist, wie durch Versagung der Genehmigung. Entsch. d. Ober-Verw.-Ger. v. 19. März 1884 — — Pr. Verw.-Bl. Bd. V S. 222.

§ 48. Die Genehmigung der Behörde darf versagt oder an Bedingungen, welche die Verhütung von Feuersgefahr bezwecken, geknüpft werden, wenn aus der Errichtung der Feuerstelle eine Feuersgefahr für die Waldung zu besorgen ist.

Die Genehmigung darf nicht versagt werden, wenn die Feuerstelle innerhalb einer im Zusammenhange gebauten Ortschaft, oder vom Waldeigenthümer, oder in der Ausführung eines Enteignungsrechts errichtet werden soll; jedoch darf die Genehmigung an Bedin-

---

*) Dies ist in der Regel die Ortspolizeibehörde.

gungen geknüpft werden, welche die Verhütung von Feuersgefahr bezwecken.

Die Frage, ob die Genehmigung zur Errichtung von Feuerstellen innerhalb einer Entfernung von 75 m von mehr als 100 Hektaren im räumlichen Zusammenhange umfassenden Waldungen ganz zu versagen oder an Bedingungen zum Zwecke der Verhütung von Feuersgefahr zu knüpfen ist, (§§ 47 ff. des Feld- und Forst-Polizeigesetzes vom 1. April 1880), ist dahin zu beantworten, daß das Gesetz zwar beide Wege mit dem Worte „oder" zur Auswahl stellt, ohne für diese Auswahl irgend eine Norm auszusprechen, daß aber doch eine solche Norm nicht völlig fehlt. Denn es folgt aus dem Wesen der Sache, daß die Genehmigung mit Auferlegung zweckmäßiger Bedingungen als das die Freiheit des Eigenthümers des Schutzstreifens von 75 m minder belastende Mittel gewährt werden muß, wenn mit demselben die Abwehr der Feuersgefahr vom Walde ebenso vollkommen erreicht wird, wie durch gänzliche Versagung der Genehmigung. Entsch. d. Ober-Verw.-Ger. v. 13. Februar 1884 Bd. X S. 322.

Der Begriff der „im Zusammenhange gebauten Ortschaft" ist hier kein anderer, als in dem Ansiedlungsgesetze vom 25. August 1876. Dieser Begriff hat keineswegs die Feststellung eines Bebauungsplanes nach dem Gesetze vom 2. Juli 1875 zur Voraussetzung, und unter „Ortschaft" ist nicht nur ein Wohnplatz mit kommunaler Selbstständigkeit, eine Stadt- oder Landgemeinde, sondern auch ein Häuserkomplex und ein thatsächlich im Zusammenhange gebauter Theil einer Gemeinde zu verstehen. Entsch. d. Ober-Verw.-Ger. v. 13. Februar 1884 — Bd. X S. 322.

§ 49. Der Antrag auf Ertheilung der Genehmigung ist dem Waldeigenthümer, falls dieser nicht der Bauherr ist, mit dem Bemerken bekannt zu machen, daß er innerhalb einer Frist von einundzwanzig Tagen bei der Behörde (§ 47) Einspruch erheben könne.

Der erhobene Einspruch ist von der Behörde (§ 47) geeignetenfalls nach Anhörung des Antragstellers und des Waldeigenthümers, sowie nach Aufnahme des Beweises zu prüfen.

Auch feuerpolizeiliche Rücksichten sind bei der Beurtheilung der Frage maßgebend, ob die Genehmigung zu versagen oder unter Bedingungen zu ertheilen ist. Entsch. des Ober-Verw.-Ger. vom 13. Februar 1884 — Bd. X S. 322.

§ 50. Die Versagung der Genehmigung, die Ertheilung der Genehmigung unter Bedingungen, sowie die Zurückweisung des erhobenen Einspruchs erfolgt durch einen Bescheid der Behörde, welcher mit Gründen zu versehen und dem Antragsteller sowie dem Waldeigenthümer zu eröffnen ist.

Gegen den Bescheid steht dem Antragsteller, sowie dem Waldeigenthümer innerhalb einer Frist von zwei Wochen (§ 51 des Landesverwaltungsgesetzes vom 30. Juli 1883) die Klage im Verwaltungs-Streitverfahren offen.

Zuständig ist:

a) der Kreis-Ausschuß, wenn der Bescheid von der Ortspolizei-Behörde eines Landkreises, oder in der Provinz Hessen-Nassau von dem Amtmann ertheilt worden ist;

b) der Bezirksausschuß, wenn der Bescheid vom Landrathe (Amtshauptmanne, Oberamtmanne) oder von der Orts-polizei-Behörde eines Stadtkreises, in der Provinz Hannover von der Polizeibehörde einer selbstständigen Stadt ertheilt worden ist.

§ 51. Wer vor Ertheilung der vorgeschriebenen Genehmigung mit der Errichtung einer Feuerstelle beginnt, wird mit Geldstrafe bis zu einhundertfünfzig Mark oder mit Haft bestraft. Auch kann die Behörde (§ 47) die Weiterführung der Anlage verhindern und die Wegschaffung der errichteten Anlage anordnen.

§ 52. Die Bestimmungen des Gesetzes vom 25. August 1876, betreffend die Gründung neuer Ansiedlungen u. s. w. werden durch das gegenwärtige Gesetz nicht berührt.

Ist zu der Errichtung der Feuerstelle (§ 47) eine Ansiedlungsgenehmigung erforderlich, so ist in dem Geltungsbereiche des vorstehend genannten Gesetzes das Verfahren nach den §§ 48 bis 50 des gegenwärtigen Gesetzes mit dem Verfahren nach den §§ 13 bis 17 des Gesetzes vom 25. August 1876 zu verbinden.

Titel IV.

Gründung neuer Ansiedlungen und Kolonien.

Hierüber bestimmt das Gesetz vom 25. August 1876.*)

Errichtung einer neuen Ansiedlung.

§ 13. Wer außerhalb einer im Zusammenhange gebauten Ortschaft ein Wohnhaus errichten oder ein schon vorhandenes Gebäude zum Wohnhause einrichten will, bedarf einer von der Ortspolizei-Behörde zu ertheilenden Ansiedlungs-Genehmigung. Vor deren Aushändigung darf die polizeiliche Bauerlaubniß nicht ertheilt werden. Die Ansiedlungs-Genehmigung ist nicht erforderlich für Wohnhäuser, welche in den Grenzen eines nach dem Gesetze vom 2. Juli 1875 festgestellten Bebauungsplanes, oder welche auf einem bereits bebauten Grundstücke im Zusammenhange mit bewohnten Gebäuden errichtet oder eingerichtet werden sollen.

Wenn ein Wohnhaus nicht innerhalb einer im Zusammenhange gebauten Ortschaft errichtet wird, handelt es sich stets um eine der Genehmigung bedürftige Neuansiedlung. Für die Unterscheidung zwischen Kolonien und Einzelansiedlungen kann es nicht maßgebend sein, ob die Wohnräume, welche neu geschaffen worden, unter ein Dach gebracht oder in mehrere gesonderte Häuser vertheilt

---

*) Das Gesetz vom 25. August 1876 unterscheidet sich von den früheren Gesetzen einmal grundsätzlich darin, daß es ein Recht zur Ansiedlung anerkennt, das freie Ermessen der Polizeibehörden ausschließt und einen Einspruch gegen die Ansiedlung nur einem bestimmten Kreise von Betheiligten und nur auf Grund von Thatsachen gewährt, welche eine Beeinträchtigung des Widersprechenden im Genusse bestimmter Rechte befürchten lassen. Anderseits führt dasselbe ein ganz neues Verfahren für die Ertheilung der Ansiedlungs-Genehmigung ein und überträgt die erste Entscheidung, welche früher dem Landrathe bezw. dem Magistrate oder dem Kreis-Ausschusse zustand, der Ortspolizei-Behörde. (Entsch. des Ober-Verw.-Ger. v. 13. Juni 1877 — Bd. II S. 377.)

werden; es kommen vielmehr die Zahl, der Umfang und die Bestimmung der Wohnräume in Betracht. Entsch. d. Ober-Verw.-Ger. v. 27. Juni 1885 — Bd. XII S. 377.

Unter einer „im Zusammenhange gebauten Ortschaft" sind nicht nur eine Stadt- oder Dorfgemeinde, sondern auch ein selbstständiger Gutsbezirk, ein Häuserkomplex und ein thatsächlich im Zusammenhange gebauter Theil einer Ortschaft zu verstehen; es kommt nicht auf einen wirthschaftlichen oder mechanischen, sondern auf einen räumlichen Zusammenhang, die räumliche Nähe an. Nicht jede Errichtung eines Wohnhauses außerhalb einer geschlossenen Dorflage ist als eine neue Ansiedlung zu betrachten. Entsch. d. Ober-Verw.-Ger. v. 4. Juni 1879 — Bd. V S. 400.

Der Begriff der „im Zusammenhange gebauten Ortschaft" hat keineswegs die Feststellung eines Bebauungsplanes nach dem Gesetze vom 2. Juli 1875 zur Voraussetzung und unter „Ortschaft" ist nicht nur ein Wohnplatz mit kommunaler Selbstständigkeit, eine Stadt- oder Landgemeinde, sondern auch ein Häuserkomplex und ein thatsächlich im Zusammenhange gebauter Theil einer Gemeinde zu verstehen. Entsch. d. Ober-Verw.-Ger. v. 13. Februar 1884 — Bd. X S. 322.

Unter einer „im Zusammenhange gebauten Ortschaft" ist schon ein Häuserkomplex, überhaupt jeder räumlich zusammenhängende Theil einer Gemeinde, eine in sich geschlossene Gesammtheit von Niederlassungen zu verstehen, es ist mithin nicht richtig, wenn man darunter nur eine solche Mehrheit von Wohnungen begreifen will, welche im Bewußtsein der Inhaber und Nachbarn, sowie durch offizielle Beilegung oder Benutzung eines Ortsnamens als für sich bestehende örtliche Einheit öffentliche Anerkennung gefunden habe. Entsch. d. Ober-Verw.-Ger. v. 30. April 1884 — Bd. XI S. 360.

Der Gegensatz von den Worten: „außerhalb einer im Zusammenhange gebauten Ortschaft" ist in dem Worte

„innerhalb“ zu suchen. Steht es also fest, daß eine Ortschaft eine im Zusammenhange gebaute ist, so ist auch die Errichtung eines Wohnhauses innerhalb derselben nach dem Ansiedlungsgesetze an eine polizeiliche Erlaubniß nicht gebunden.

Bei Ortschaften mit zerstreut liegenden Gebäuden ist dann auch noch festzustellen, ob etwa der Theil des Ortes, innerhalb dessen die qu. Gebäude errichtet werden sollen, als eine solche im Zusammenhange gebaute zu erachten ist.

Die Ansicht, daß die Errichtung eines Wohnhauses die Ansiedlung auch dann erheischt, wenn sie zwar innerhalb einer geschlossenen Ortschaft liegt, aber doch nicht in den Grenzen eines nach dem Gesetze vom 2. Juli 1875 festgestellten Bebauungsplanes, ist nicht zutreffend, denn das angezogene Gesetz macht die Festsetzung eines Bebauungsplanes keineswegs obligatorisch. Entsch. d. Ober-Verw.-Ger. v. 29. November 1882 — Bd. IX S. 340 — siehe Parey, Rechtsgrundsätze, S. 425.

Der Gegensatz der im § 13 des Ansiedlungsgesetzes mit den Worten „außerhalb einer im Zusammenhange gebauten Ortschaft“ ausgedrückten Voraussetzung der Nothwendigkeit der polizeilichen Ansiedlungsgenehmigung ist in dem Worte „innerhalb“, keineswegs aber etwa in einer „zusammenhanglos“ gebauten Ortschaft zu suchen; es handelt sich also stets um eine der Genehmigung bedürfende Neuansiedlung, wenn ein Wohnhaus nicht innerhalb einer „im Zusammenhange“ gebauten Ortschaft errichtet wird. Entsch. d. Ober-Verw.-Ger. v. 27. Juni 1885 — Bd. XII S. 371.

Wenn ein Wohnhaus außerhalb einer im Zusammenhange gebauten Ortschaft errichtet werden soll, so liegt die Errichtung einer neuen Ansiedlung vor. Daß das projektirte Wohnhaus auf einem unbewohnten Grundstücke, welches zu einem anderen bereits bewohnten Grundstücke gehört, erbaut werden soll, ist nach dem Ansiedlungsgesetz gleichgültig. Entsch. d. Ober-Verw.-Ger. — III. Senat — v. 21. März 1887.

Unter dem „Zusammenhange mit einem bewohnten Gebäude" im Sinne des letzten Absatzes des § 13 des Gesetzes vom 25. August 1876 ist nicht lediglich ein mechanischer Zusammenhang zu verstehen. Derselbe kann, die unter allen Umständen erforderliche räumliche Nähe immer vorausgesetzt, auch in der wirthschaftlichen Beziehung, in die ein Neubau zu dem vorhandenen Wohnplatze treten soll, verstanden werden. Eine solche wirthschaftliche Beziehung ist jedoch nicht allein darin zu erblicken, daß beiderlei Anlagen, das vorhandene und projektirte Wohnhaus, einem Dritten zu gemeinschaftlichem Zwecke dienen, sondern es muß diese Beziehung des einen zu dem andern eine unmittelbare sein der Art, daß die Neuanlage zum wirthschaftlichen Gebrauche des bestehenden Gebäudes selbst bestimmt ist. Entsch. des Ober-Verw.-Ger. v. 30. April 1884 — Bd. XI S. 360 — siehe Parey, Rechtsgrundsätze, S. 427.

Auch für Wohngebäude der Bahnwärter mit Rücksicht auf ihre Bestimmung zu Eisenbahnzwecken ist eine Ansiedlungsgenehmigung erforderlich, weil der § 13 des Ansiedlungsgesetzes für dieselben keine Ausnahme macht. Entsch. d. Ober-Verw.-Ger. v. 25. Juni 1879 — Bd. V S. 393.

Gegen einen wiederholten Antrag auf Ansiedlungsgenehmigung findet nicht der Einwand statt, daß der frühere gleichartige Antrag rechtskräftig abgewiesen ist. Res judicata ist in Verwaltungsangelegenheiten überhaupt schwer nachzuweisen. Entsch. d. Ober-Verw.-Ger. v. 21. Septbr. 1881 und 1. März 1882 — Bd. VIII S. 349 und 352.

Bewirbt sich Jemand um einen Baukonsens, so muß ihm derselbe versagt werden, wenn zu dem Bau nach Lage der Sache ein Ansiedlungskonsens erforderlich ist; es ist dann (nach § 127 ff. des Landesverw.-Gesetzes vom 30. Juli 1883) über das Erforderniß des Ansiedlungskonsenses als Hinderungsgrund für die Ertheilung des Baukonsenses zu entscheiden.

Hat Jemand ohne Baukonsens gebaut (etwa um nicht in die Lage zu kommen, den ihm unbequemen Ansiedlungskonsens nachsuchen zu müssen), so hat die Polizeibehörde zu verfügen, daß der Unternehmer binnen bestimmter Frist die Ansiedlungsgenehmigung nachzusuchen, oder das Haus als Wohnhaus zu beseitigen, jedenfalls es vorläufig nicht als solches zu benutzen habe.

Hat dagegen die Polizeibehörde den Baukonsens ertheilt, weil sie annahm, daß es sich um eine Ansiedlung nicht handelte, so steht den Nachbarn, welche entgegengesetzter Meinung sind, frei, die Intervention der Aufsichtsbehörde anzurufen, ganz ebenso wie wenn etwa eine Ansiedlungsgenehmigung ertheilt worden ist, ohne daß ein Verfahren nach § 16 ff. des Gesetzes stattgefunden hat. Die Aufsichtsbehörde hat dann materiell zu prüfen und ev. die Polizeibehörde anzuweisen, daß dieselbe so verfährt, als wenn ein Baukonsens nicht vorläge. Entsch. d. Ober-Verw.-Ger. v. 5. Januar 1881 — Bd. VIII S. 332, siehe Parey, Rechtsgrundsätze des Ober-Verw.-Ger. S. 424.

Glaubt ein Unternehmer, daß er zur Errichtung der von ihm projektirten Häuser weder einer Ansiedlungsgenehmigung, noch der Genehmigung zur Anlegung einer Kolonie bedürfe, so hat er ausschließlich die polizeiliche Bauerlaubniß (den gewöhnlichen Baukonsens) nachzusuchen. Wird ihm diese nach § 13 Abs. 1 des Gesetzes v. 25. August 1876 versagt, so steht es ihm offen, die Ansiedlungsgenehmigung bei der Ortspolizeibehörde nachzusuchen. Geht er davon aus, daß es sich jedenfalls um eine Anlegung einer Kolonie handelt, so liegt der Ortspolizeibehörde ob, letztere Frage zu prüfen und im Verneinungsfalle die Ansiedlungsgenehmigung zu versagen. Gegen den entsprechenden Bescheid ist die Klage im Verwaltungs-Streitverfahren gegeben und in letzterem ist dann zu entscheiden, ob es sich um die Anlegung einer Kolonie handelt oder nicht, die Ortspolizeibehörde also zuständig ist oder nicht. Entsch. d. Ober-Verw.-Ger. v. 27. Juni 1885 — Bd. XII S. 381.

Die Ansiedlungsgenehmigung macht den Baukonsens keineswegs entbehrlich; letzterer darf vielmehr erst nach der Ansiedlungsgenehmigung ertheilt werden und ist die hierfür zuständige Behörde durch die erfolgte Genehmigung der Ansiedlung in betreff der baupolizeilichen Erfordernisse nicht gebunden. Entsch. d. Ober-Verw.-Ger. — III. Senat — v. 23. September 1886.

Versagung der Ansiedlungsgenehmigung.

§ 14. Die Ansiedlungsgenehmigung ist zu versagen, wenn nicht nachgewiesen ist, daß der Platz, an welchem die Ansiedlung gegründet werden soll, durch einen jederzeit offenen Weg zugänglich, oder daß die Beschaffung eines solchen Weges gesichert ist. Wenn nun der letztere Nachweis erbracht werden kann, so ist bei Ertheilung der Ansiedlungsgenehmigung für die Beschaffung des Weges eine Frist zu bestimmen, nach deren fruchtlosem Ablaufe das polizeiliche Zwangsverfahren eintritt.

Die zu den Bahnwärterhäusern führenden Schutzstreifen an der Bahn haben, wenngleich sie nur Privatwege sind, doch die Eigenschaften von offenen Wegen. Entsch. d. Ober-Verw.-Ger. v. 25. Juni 1879 — Bd. V S. 393.

Ein endgültig abgelehntes Ansiedlungsgesuch kann wiederholt und die Ortspolizeibehörde nicht für berechtigt angesehen werden, ein wiederholtes Eingehen auf das erneuerte Gesuch mit dem Hinweis auf ihren endgültig gewordenen voraufgegangenen Bescheid abzulehnen. Entsch. d. Ober-Verw.-Ger. v. 21. September 1881 — Bd. VIII S. 353.

Bei Wiederholung eines schon einmal von der Ortspolizeibehörde abgelehnten Antrages auf Ansiedlungsgenehmigung ist das in § 16 vorgeschriebene Verfahren von Neuem zu beobachten, wenn auch in Folge des früheren Verfahrens bereits eine Bekanntmachung erfolgt war. Ist jedoch die neue Bekanntmachung unterblieben, so hat gleichwohl der Richter im Streitverfahren die materielle Prüfung des Ansiedlungsgesuches zu bewirken, sofern nur die streitenden Parteien als Kläger bezw. Beklagte vollständig legitimirt sind. Entsch. des Ober-Verw.-Ger. v. 1. März 1882 — Bd. VIII S. 350.

§ 15. Die Ansiedlungsgenehmigung kann versagt werden, wenn gegen die Ansiedlung von dem Eigenthümer, dem Nutzungs- oder Gebrauchsberechtigten oder dem Pächter eines benachbarten Grundstücks oder von dem Vorsteher des Gemeinde- (Guts-) Bezirks, zu welchem das zu besiedelnde Grundstück gehört, oder von einem der Vorsteher derjenigen Gemeinde- (Guts-) Bezirke, an welche dasselbe grenzt, Einspruch erhoben und der Einspruch durch Thatsachen begründet wird, welche die Annahme rechtfertigen, daß die Ansiedlung den Schutz der Nutzungen benachbarter Grundstücke aus dem Feld- oder Gartenbau, aus der Forstwirthschaft, der Jagd oder der Fischerei gefährden werde.

Um auf Grund des § 15 des Ansiedlungsgesetzes Ansiedlungen zu versagen, müssen ganz besondere Gründe vorliegen; bloße Vermuthungen in Betreff der persönlichen Eigenschaften des Ansiedlers sind nicht ausreichend. Entsch. d. Ober-Verw.-Ger. v. 25. Juni 1879 — Bd. V S. 393.

Der § 15 gestattet die Versagung der Ansiedlungsgenehmigung, wenn der Einspruch der zu solchem Berechtigten durch „Thatsachen" begründet wird, welche die Annahme rechtfertigten, daß die Ansiedlung den Schutz der Nutzungen benachbarter Grundstücke aus dem Feld- oder Gartenbau ꝛc. gefährden werde. Der Kreis der Thatsachen, welche hierbei in Betracht gezogen werden können, ist im Gesetze nicht besonders begrenzt. Dieselben können den Eigenschaften des Grundstücks, welches bebaut werden soll (Lage, Größe ꝛc.) und dem Bauprojekte, wie auch den persönlichen Eigenschaften dessen, der bauen will, bezw. für den gebaut werden soll, entnommen werden. Bei dieser Lage des Gesetzes stellt dasselbe an die zur Entscheidung über die Einsprüche berufenen Instanzen die Aufgabe, zunächst zu prüfen, ob es feststehende Thatsachen — nicht bloße Vermuthungen sind, auf welche die Einsprüche gegründet worden, sodann, ob diese Thatsachen einen sichern Schluß darauf zulassen, „die Annahme rechtfertigen," daß die Ansiedlung den Schutz jener Nutzungen beeinträchtigen werde, endlich, daß diese Beeinträchtigung von solchem

Belang sein würde, daß sie die Versagung der Ansiedlung rechtfertigen kann. Eine Abwägung der betheiligten öffentlichen und privaten Interessen muß die Grundlage der zu treffenden Entscheidung sein.

Unzulässig ist es, die Klage darauf zu stützen, daß durch die Ansiedlung die Armenlast der Gemeinde in bedenklichem Maße erhöht werden würde.

Die Besorgniß des Viehübertritts auf die benachbarten Aecker, wogegen man sich durch Pfändung u. s. w. schützen kann, ist allein nicht ausreichend, um die Erlaubniß zur Ansiedlung zu versagen.

Thatsachen sind z. B.: Eine Entfernung der Ansiedlung vom Dorfe, wodurch die polizeiliche Aufsicht erschwert wird, die Umgebung der Ansiedlung durch Wald und Buschwerk, wodurch der freie Ueberblick entzogen wird; ein so geringer Umfang des betreffenden Grundstückes, daß eine Familie aus dessen Erträgnissen den Lebensunterhalt zu gewinnen nicht im Stande wäre; die Nähe von Wäldern und Fischteichen 2c., welche eine Verlockung dazu bieten, sich auf unerlaubte Weise einen Gewinn zu verschaffen, der mühe- und gefahrlos zu erreichen und leicht zu verheimlichen wäre; das Vermiethen der Wohnungen auf der Ansiedlung an Instleute, Arbeiter u. s. w. Gegen diese Gefahren sich durch Wächter zu schützen, kann man Niemandem zumuthen. (Entsch. d. Ober-Verw.-Ger. v. 3. April u. 5. Mai 1880 — Bd. VI S. 330 und 335.

Ansiedlungsverfahren.

§ 16. Vor Ertheilung der Ansiedlungsgenehmigung sind die betheiligten Gemeinde-(Guts-)Vorsteher (§ 15) von dem Antrage in Kenntniß zu setzen. Diese haben den Antrag innerhalb ihrer Gemeinden (Gutsbezirke) auf ortsübliche Art mit dem Bemerken bekannt zu machen, daß gegen den Antrag von den Eigenthümern, Nutzungs-, Gebrauchsberechtigten und Pächtern der benachbarten Grundstücke innerhalb einer Präklusivfrist von einundzwanzig Tagen bei der Ortspolizeibehörde Einspruch erhoben werden könne, wenn der Einspruch sich durch Thatsachen der im § 15 bezeichneten Art begründen lasse.

Die erhobenen Einsprüche sind von der Ortspolizeibehörde, geeignetenfalls nach Anhörung des Antragstellers und derjenigen, welche Einspruch erhoben haben, sowie nach Aufnahme des Beweises zu prüfen.

Ein Antrag auf Ertheilung der Ansiedlungsgenehmigung ist die nothwendige Voraussetzung des Ansiedlungsverfahrens, welches im Interesse der Nutzungsberechtigten der benachbarten Grundstücke der Genehmigung vorausgehen muß. Entsch. d. Ober-Verw.-Ger. v. 5. Januar 1881 — Bd. VII S. 332 — und v. 17. Februar 1887.

§ 17. Die Versagung der Genehmigung auf Grund des § 14 oder auf Grund erhobener Einsprüche (§ 15), sowie die Zurückweisung der gegen die Ansiedlungsgenehmigung erhobenen Einsprüche erfolgt durch einen Bescheid der Ortspolizei-Behörde, welcher mit Gründen zu versehen und dem Antragsteller, sowie denjenigen, welche Einspruch erhoben haben, zu eröffnen ist.

Gegen den Bescheid steht dem Antragsteller, sowie denjenigen, welche Einspruch erhoben haben, innerhalb einer Präklusivfrist von zwei Wochen (§ 51 des Landesverwaltungsgesetzes vom 30. Juli 1883) nach Zustellung des Bescheides, den Tag der Zustellung ungerechnet, die Klage im Verwaltungs-Streitverfahren offen.

Zuständig ist der Kreis-Ausschuß, in Stadtkreisen der Bezirks-Ausschuß (fr. Bezirks-Verwaltungsgericht).

Durch das Streitverfahren in Betreff einer Ansiedlungsgenehmigung ist noch keineswegs rechtskräftig festgestellt, daß auf dem betreffenden Grundstücke ein Wohnhaus erbaut, der Baukonsens zu demselben nicht versagt werden dürfe. Die Ertheilung einer Ansiedlungsgenehmigung gibt dem Unternehmer keineswegs unbedingt ein Recht, auf dem fraglichen Grundstücke ein Wohnhaus zu erbauen. Entsch. d. Ober-Verw.-Ger. v. 5. Mai 1881 — Bd. VII S. 315.

Für das Verfahren aus den §§ 14—17 a. a. O. darf von der zuständigen Behörde niemals unberücksichtigt gelassen werden, daß von ihr zunächst ein Bescheid zu erlassen und, wenn gegen diesen von einer Seite auf mündliche Verhandlung im Streitverfahren angetragen wird, für letzteres von ihm ein besonderer Kommissarius zu ernennen ist, welcher als Partei im Streitverfahren das öffentliche polizeiliche Interesse zu vertreten hat. Entsch. des Ober-Verw.-Ger. v. 27. Juni 1885 — Bd. XII S. 381.

Errichtung einer Kolonie.

§ 18. Wer außerhalb einer im Zusammenhange gebauten Ortschaft eine Kolonie anlegen will, hat dazu die Genehmigung des Kreis-Ausschusses, in Stadtkreisen der Ortspolizei-Behörde zu beantragen. Mit dem Antrage ist ein Plan vorzulegen und darin nachzuweisen, in welcher Art die Gemeinde-, Kirchen- und Schulverhältnisse der Kolonie geordnet werden sollen.

Kolonie ist eine für eine erhebliche Menge von Bewohnern bestimmte Wohnstätte oder eine größere Anzahl von Ansiedlungen im räumlichem Zusammenhange. Von der Anlegung einer Kolonie kann überhaupt nur die Rede sein, wenn das neue Unternehmen selbst ohne Rücksicht auf sich anschließende bereits bestehende Wohngebäude erst eine Kolonie entstehen läßt, so daß sich für die dadurch geschaffene Gruppe von Wohnstätten die Neuordnung der Kirchen-, Gemeinde- und Schulverhältnisse dem öffentlichen Interesse und den bestehenden gesetzlichen bezw. statutarischen Bestimmungen gemäß nothwendig macht. Die Anlegung einer Kolonie muß demnach ein Gegenstand des Unternehmens sein, nicht etwa erst dessen mögliche und zufällige Folge. Darum wird auch vom Unternehmer die Vorlegung eines Planes verlangt mit Vorschlägen über die Art der künftigen Ordnung der Kommunal-, Kirchen- und Schulverhältnisse für die anzulegende Kolonie. Ein auf Regelung dieser Verhältnisse bezüglicher Einwand der Gemeinde steht derselben nicht zu. Entsch. d. Ober-Verw.-Ger. v. 30. April 1884 — Bd. XI S. 351.

Wird die Ertheilung der Genehmigung zur Anlegung einer Kolonie bei der zuständigen Behörde nachgesucht, so hat dieselbe entweder erst die Frage der Ordnung der Gemeinde- rc. Verhältnisse zum Abschlusse zu bringen, bevor das Verfahren aus den §§ 14—17 des Gesetzes vom 25. August 1876 eingeleitet wird, oder aber, wenn letzteres vorangeht, in diesen immer nur unter Vorbehalt jener Ordnung zu befinden. Entsch. d. Ober-Verw.-Ger. v. 27. Juni 1885 — Bd. XII S. 381.

Ueber die Versagung der Genehmigung zur Anlegung einer Kolonie aus dem Grunde, weil zunächst eine Regelung der Gemeinde-Verhältnisse vorangehen müsse, ist das Verwaltungs-Streitverfahren überhaupt nicht zulässig; diese Frage unterliegt vielmehr der ausschließlichen Entscheidung der Verwaltungsbehörden. Entsch. d. Ober-Verw.-Ger. — III. Senat — vom 13. Dezember 1886.

§ 19. Die Genehmigung zur Anlegung einer Kolonie kann versagt werden, wenn und so lange die Gemeinde-, Kirchen- und Schulverhältnisse nicht dem öffentlichen Interesse und den bestehenden gesetzlichen und statutarischen Bestimmungen gemäß geordnet sind. Im Uebrigen finden die Bestimmungen der §§ 14 bis 17 mit der Maßgabe Anwendung, daß die in den §§ 16, 17 der Ortspolizei-Behörde beigelegten Befugnisse für Landkreise von dem Kreis-Ausschusse wahrzunehmen sind und gegen den vom Kreis-Ausschusse ergangenen Bescheid innerhalb der im § 17 bestimmten Frist der Einspruch auf mündliche Verhandlung im Streitverfahren stattfindet.

Unter der „Anlegung einer Kolonie" versteht man die Errichtung einer größeren Anzahl von Ansiedlungen im räumlichen Zusammenhange. Wieviel Häuser zu einer „größeren Anzahl" gehören, bleibt dahin gestellt. Da nun aber der Begriff der Kolonie und die daran sich knüpfende Bestimmung über die Zuständigkeit der Verwaltungsbehörden lediglich unter dem einen Gesichtspunkte in das Gesetz aufgenommen worden sind, daß dabei die Gemeinde-, Kirchen- und Schulverhältnisse geordnet werden sollen, so erhellt daraus so viel, daß der Plan zur Errichtung mehrerer Ansiedlungen dann — und zwar unabhängig von dem Antrage des Unternehmers, der nicht das allein Entscheidende sein kann — als Anlegung einer Kolonie geschäftsmäßig zu behandeln sein wird, sobald nach der Zahl und der örtlichen Lage der beabsichtigten Bauten das Bedürfniß ersichtlich wird, dabei die Regelung jener korporativen Verhältnisse in Betracht zu ziehen. Entsch. des Ober-Verw.-Ger. v. 2. März 1878 — Bd. III S. 319.

Die Frage, ob eine erbetene polizeiliche Genehmigung zur Gründung einer Ansiedlung oder einer Kolonie um derwillen zu versagen ist, weil zunächst für den letzteren

Fall die Gemeinde- und Schulverhältnisse zu regeln seien, entzieht sich der Erörterung im Verwaltungs-Streitverfahren. Bei den Ansiedlungen handelt es sich — so zu sagen — um ein Grundrecht der einzelnen Staatsangehörigen, welches zur Geltung kommen muß, wo nicht bestimmte konkurrirende Rechte dies verhindern, während die Gründung von Kolonien sich meist als spekulative oder industrielle Unternehmungen darstellt, von denen man fordern darf, daß sie berechtigten Interessen der Gemeinde-, Kirchen- und Schulverbände gerecht werden. Jene erstere Kollision entgegenstehender Rechte bei der Gründung der Ansiedlungen ist der Entscheidung durch die Verwaltungsgerichte überwiesen, die Ordnung der Gemeinde-, Kirchen- und Schulverhältnisse ist dies aber nicht. Entsch. d. Ober-Verw.-Ger. v. 27. Juni 1885 — Bd. XII S. 371, siehe Parey, Rechtsgrundsätze S. 371.

§ 20. Wer vor Ertheilung der vorgeschriebenen Genehmigung mit einer neuen Ansiedlung oder der Anlegung einer Kolonie beginnt, wird mit Geldstrafe bis einhundertundfünfzig Mark oder Haft bestraft. Auch kann die Ortspolizeibehörde die Weiterführung der Ansiedlung der Kolonie verhindern und die Wegschaffung der errichteten Anlagen anordnen.

§ 21. Das Verfahren nach diesem Gesetze einschließlich der ertheilten Genehmigung ist stempelfrei.

(§ 22 und 23 sind nach § 147 des Zuständigkeitsgesetzes vom 1. August 1883 außer Kraft getreten.)

§ 24. Das gegenwärtige Gesetz tritt mit dem 1. Januar 1877 in Kraft. Von diesem Zeitpunkte ab sind aufgehoben:

Das Gesetz vom 3. Januar 1845, betreffend die Zertheilung von Grundstücken und die Gründung neuer Ansiedlungen, die dasselbe ergänzenden Gesetze vom 24. Februar 1850 und vom 24. Mai 1853, das Gesetz vom 26. Mai 1856, betreffend die Zertheilung von Grundstücken und die Gründung neuer Ansiedlungen in Neu-Vorpommern und Rügen, § 135 Nr. VII und VIII der Kreis-Ordnung vom 13. Dezember 1872 und die Verordnung vom 11. Juli 1845, betreffend die neuen Ansiedlungen in der Provinz Westfalen. Diejenigen anderweiten Bestimmungen, welche die Errichtung von Gebäuden in der Nähe von Forsten, Eisenbahnen, Chausseen, öffentlichen Gewässern, Strömen, Kanälen, Deichen, Bergwerken, Pulvermagazinen und anderen Anlagen polizeilichen Beschränkungen unterwerfen, werden von dem gegenwärtigen Gesetze nicht berührt.

Die Frage, ob auf Grund feuer- oder baupolizeilicher Vorschriften die Errichtung von Ansiedlungen verhindert werden kann, ist in dem Ansiedlungsverfahren nicht zu erörtern. Entsch. d. Ober-Verw.-Ger. v. 25. Juni 1879 — Bd. V S. 393.

Durch die Ansiedlungsgenehmigung wird der Baukonsens nicht entbehrlich gemacht, die Ansiedlungsgenehmigung fällt mit der Bauerlaubniß nicht zusammen. Soweit also die Verweigerung eines Baukonsenses auf andere, als im § 14, 15 des Ansiedlungsgesetzes angegebene Gründe gestützt wird, ist weder die Polizeibehörde noch der Verwaltungsrichter durch die in dem Ansiedlungsverfahren ergangene Entscheidung gebunden (cfr. § 24 Abs. 2 des Ansiedl.-Ges.); es sind hiernach viele Fälle denkbar, in denen die Ansiedlungsgenehmigung den Unternehmer nicht davor schützt, daß ihm nachträglich jeder Baukonsens verweigert werde. Dies kann auch unter Anderem geschehen, wenn es sich um den Bau eines Wohnhauses handelt, aus dessen Lage den künftigen Bewohnern Gefahr erwachsen könnte (§ 66 Tit. 8 Th. 1 A. L. R.) Entsch. d. Ober-Verw.-Ger. v. 5. Mai 1881 — Bd. VII S. 315.

Titel V.

Errichtung und Veränderung gewerblicher Anlagen.

Auszug aus der Gewerbe-Ordnung vom 21. Juni 1869, in der durch die Bekanntmachung vom 1. Juli 1883 veröffentlichten Fassung.

Anlagen, welche einer besonderen Genehmigung bedürfen.

§ 16. Zur Errichtung von Anlagen, welche durch die örtliche Lage oder die Beschaffenheit der Betriebsstätte für die Besitzer oder Bewohner der benachbarten Grundstücke oder für das Publikum überhaupt erhebliche Nachtheile, Gefahren oder Belästigungen herbeiführen können, ist die Genehmigung der nach den Landesgesetzen zuständigen Behörde erforderlich.

Es gehören dahin:

Schießpulver-Fabriken, Anlagen zur Feuerwerkerei und zur Bereitung von Zündstoffen aller Art, Gasbereitungs- und Gasbewahrungs-Anstalten, Anstalten zur Destillation von Erdöl, Anlagen zur Bereitung von Braunkohlentheer, Steinkohlentheer und Koaks, sofern sie außerhalb der Gewinnungsorte des Materials errichtet werden, Glas- und Rußhütten, Kalk-, Ziegel- und Gyps-Oefen, Anlagen zur Gewinnung roher Metalle, Röst-Oefen, Metall-Gießereien, sofern sie nicht bloße Tiegel-Gießereien sind, Hammerwerke, chemische Fabriken aller Art, Schnellbleichen, Firniß-Siedereien, Stärke-Fabriken, mit Ausnahme der Fabriken zur Bereitung von Kartoffelstärke, Stärke-Syrups-Fabriken, Wachstuch-, Darmseiten-, Dachpappen- und Dachfilz-Fabriken, Leim-, Thran- und Seifensiedereien, Knochen-Brennereien, Knochendarren, Knochen-Kochereien und Knochenbleichen, Zubereitungs-Anstalten für Thierhaare, Talgschmelzen, Schlächtereien, Gerbereien, Abdeckereien, Poudretten- und Düngpulver-Fabriken, Stau-Anlagen für Wassertriebwerke (§ 23), Hopfen-Schwefeldörren, Asphaltkochereien und Pechsiedereien, soweit sie außerhalb der Gewinnungsorte des Materials errichtet werden, Strohpapierfabriken, Darm-Zubereitungsanstalten, Fabriken, in welchen Dampfkessel und andere Blechgefäße zum Vernieten hergestellt werden, Kalifabriken und Anstalten zum Imprägniren von Holz mit erhitzten Theerölen, Kunstwollefabriken, Anlagen zur Herstellung von Celluloid und Dégrasfabriken.

Das vorstehende Verzeichniß kann je nach Eintritt oder Wegfall der im Eingang gedachten Voraussetzung, durch Beschluß des Bundesrathes, vorbehaltlich der Genehmigung des nächstfolgenden Reichstages abgeändert werden.

Darüber, ob mit dem Betriebe einer erlaubten Anlage, zu der es nach § 16 R.-G.-O. keiner Genehmigung bedarf, ein ungewöhnliches Geräusch verbunden ist und ob durch dasselbe die in der Nähe befindlichen Anstalten (Schulen 2c.) erhebliche Störung erleiden, sowie darüber, ob die Ausübung des fraglichen Gewerbebetriebs in der gedachten Betriebsstätte zu untersagen oder nur unter Bedingungen zu gestatten ist, hat nicht die Ortspolizeibehörde, sondern nach § 27 R.-G.-O. die höhere Verwaltungsbehörde zu entscheiden. Entsch. d. Ober-Verw.-Ger. v. 20. Septbr. 1886.

§ 17. Dem Antrage auf die Genehmigung einer solchen Anlage müssen die zur Erläuterung erforderlichen Zeichnungen und Beschreibungen beigefügt werden.

Ist gegen die Vollständigkeit dieser Vorlagen nichts zu erinnern, so wird das Unternehmen mittelst einmaliger Einrückung in das zu den amtlichen Bekanntmachungen der Behörde (§ 16) bestimmte Blatt zur öffentlichen Kenntniß gebracht, mit der Aufforderung, etwaige Einwendungen gegen die neue Anlage binnen 14 Tagen anzubringen. Die Frist nimmt ihren Anfang mit Ablauf des Tages, an welchem das die Bekanntmachung enthaltende Blatt ausgegeben worden, und ist für alle Einwendungen, welche nicht auf privatrechtlichen Titeln beruhen, präklusivisch.

§ 18. Werden keine Einwendungen angebracht, so hat die Behörde zu prüfen, ob die Anlage erhebliche Gefahren, Nachtheile oder Belästigungen für das Publikum herbeiführen könne. Auf Grund dieser Prüfung, welche sich zugleich auf die Beachtung der bestehenden bau-, feuer- und gesundheitspolizeilichen Vorschriften erstreckt, ist die Genehmigung zu versagen, oder, unter Festsetzung der sich als nöthig ergebenden Bedingungen zu ertheilen. Zu den letzteren gehören auch diejenigen Anordnungen, welche zum Schutze der Arbeiter gegen Gefahr für Gesundheit und Leben nothwendig sind. Der Bescheid ist schriftlich auszufertigen und muß die festgesetzten Bedingungen enthalten; er muß mit Gründen versehen sein, wenn die Genehmigung versagt oder nur unter Bedingungen ertheilt wird.

§ 19. Einwendungen, welche auf besonderen privatrechtlichen Titeln beruhen, sind zur richterlichen Entscheidung zu verweisen, ohne daß von der Erledigung derselben die Genehmigung der Anlage abhängig gemacht wird.

Andere Einwendungen dagegen sind mit den Parteien vollständig zu erörtern. Nach Abschluß dieser Erörterung erfolgt die Prüfung und Entscheidung nach den im § 18 enthaltenen Vorschriften. Der Bescheid ist sowohl dem Unternehmer, als dem Widersprechenden zu eröffnen.

§ 20. Gegen den Bescheid ist Rekurs an die vorgesetzte Behörde zulässig, welcher bei Verlust desselben binnen 14 Tagen, vom Tage der Eröffnung des Bescheides an gerechnet, gerechtfertigt werden muß.

Der Rekursbescheid ist den Parteien schriftlich zu eröffnen, und muß mit Gründen versehen sein.

§ 21. Die näheren Bestimmungen über die Behörden und das Verfahren, sowohl in der ersten als in der Rekurs-Instanz, bleiben den Landesgesetzen vorbehalten. Es sind jedoch folgende Grundsätze einzuhalten:

1. In erster oder in zweiter Instanz muß die Entscheidung durch eine kollegiale Behörde erfolgen. Diese Behörde ist befugt, Untersuchungen an Ort und Stelle zu veranlassen, Zeugen und Sachverständige zu laden und eidlich zu vernehmen, überhaupt den angetretenen Beweis in vollem Umfange zu erheben.
2. Bildet die kollegiale Behörde die erste Instanz, so ertheilt sie ihre Entscheidung in öffentlicher Sitzung, nach erfolgter Ladung und Anhörung der Parteien, auch in dem Falle, wenn zwar Einwendungen nicht angebracht sind, die Behörde aber nicht ohne Weiteres die Genehmigung ertheilen will, und der Antragsteller innerhalb 14 Tagen nach Empfang des die Genehmigung versagenden oder nur unter Bedingungen ertheilenden Bescheides der Behörde auf mündliche Verhandlung anträgt.
3. Bildet die kollegiale Behörde die zweite Instanz, so ertheilt sie stets ihre Entscheidung in öffentlicher Sitzung, nach erfolgter Ladung und Anhörung der Parteien.
4. Als Parteien sind der Unternehmer (Antragsteller), sowie diejenigen Personen zu betrachten, welche Einwendungen erhoben haben.
5. die Oeffentlichkeit der Sitzungen kann unter entsprechender Anwendung der §§ 173—176 des Gerichtsverfassungsgesetzes ausgeschlossen oder beschränkt werden.

§ 22. Die durch unbegründete Einwendungen erwachsenden Kosten fallen dem Widersprechenden, alle übrigen Kosten, welche durch das Verfahren entstehen, dem Unternehmer zur Last.

In den Bescheiden über die Zulässigkeit der neuen Anlage wird zugleich die Vertheilung der Kosten festgesetzt.

§ 23. Bei den Stau-Anlagen für Wasserbetriebwerke sind außer den Bestimmungen der §§ 17—22 die dafür bestehenden landesgesetzlichen Vorschriften anzuwenden.

Der Landesgesetzgebung bleibt vorbehalten, für solche Orte, in welchen öffentliche Schlachthäuser in genügendem Umfange vorhanden sind oder errichtet werden, die fernere Benutzung bestehender und die Anlage neuer Privatschlächtereien zu untersagen.

Der Landesgesetzgebung bleibt ferner vorbehalten, zu verfügen, in wie weit durch Ortsstatuten darüber Bestimmung getroffen werden kann, daß einzelne Ortstheile vorzugsweise zu Anlagen der im § 16 erwähnten Art zu bestimmen, in anderen Ortstheilen aber dergleichen Anlagen entweder gar nicht oder nur unter besonderen Beschränkungen zuzulassen sind.

§ 24. Zur Anlegung von Dampfkesseln, dieselben mögen zum Maschinenbetriebe bestimmt sein oder nicht, ist die Genehmigung der nach den Landesgesetzen zuständigen Behörde erforderlich. Dem Gesuche sind die zur Erläuterung erforderlichen Zeichnungen und Beschreibungen beizufügen.

Die Behörde hat die Zulässigkeit der Anlage nach den bestehenden bau-, feuer- und gesundheitspolizeilichen Vorschriften, sowie nach denjenigen allgemeinen polizeilichen Bestimmungen zu prüfen, welche von dem Bundesrathe über die Anlegung von Dampfkesseln erlassen werden. Sie hat nach dem Befunde die Genehmigung entweder zu versagen oder unbedingt zu ertheilen, oder endlich bei Ertheilung derselben die erforderlichen Vorkehrungen und Einrichtungen vorzuschreiben.

Bevor der Kessel in Betrieb genommen wird ist zu untersuchen, ob die Ausführung den Bestimmungen der ertheilten Genehmigung entspricht.

Wer vor dem Empfange der hierüber auszufertigenden Bescheinigung den Betrieb beginnt, hat die in § 147 angedrohte Strafe verwirkt.

Die vorstehenden Bestimmungen gelten auch für bewegliche Dampfkessel.

Für den Rekurs und das Verfahren über denselben gelten die Vorschriften der §§ 20 und 21.

§ 25. Die Genehmigung zu einer der in den §§ 16 und 24 bezeichneten Anlagen bleibt so lange in Kraft, als keine Aenderung in der Lage oder Beschaffenheit der Betriebsstätte vorgenommen wird, und bedarf unter dieser Voraussetzung auch dann, wenn die Anlage an einen neuen Erwerber übergeht, einer Erneuerung nicht. Sobald aber eine Veränderung der Betriebsstätte vorgenommen wird, ist dazu die Genehmigung der zuständigen Behörde nach Maßgabe der §§ 17 bis 23 einschließlich, beziehungsweise des § 24 nothwendig. Eine gleiche Genehmigung ist erforderlich bei wesentlichen Veränderungen in dem Betriebe einer der im § 16 genannten Anlagen. Die zuständige Behörde kann jedoch auf Antrag des Unternehmers von der Bekanntmachung (§ 17) Abstand nehmen, wenn sie die Ueberzeugung gewinnt, daß die beabsichtigte Veränderung für die Besitzer oder Bewohner benachbarter Grundstücke oder das Publikum überhaupt neue oder größere Nachtheile, Gefahren oder Belästigungen, als mit der vorhandenen Anlage verbunden sind, nicht herbeiführen werde.

Diese Bestimmungen finden auch auf gewerbliche Anlagen (§§ 16 und 24) Anwendung, welche bereits vor Erlaß dieses Gesetzes bestanden haben.

§ 26. Soweit die bestehenden Rechte zur Abwehr benachtheiligender Einwirkungen, welche von einem Grundstücke aus auf ein benachbartes Grundstück geübt werden, dem Eigenthümer oder Besitzer des letzteren eine Privatklage gewähren, kann diese Klage einer mit obrigkeitlicher Genehmigung errichteten gewerblichen Anlage gegenüber niemals auf Einstellung des Gewerbebetriebes, sondern nur auf Herstellung von Einrichtungen, welche die benachtheiligende Einwirkung ausschließen, oder, wo solche Einrichtungen unthunlich oder mit einem gehörigen Betriebe des Gewerbes unvereinbar sind, auf Schadloshaltung gerichtet werden.

§ 27. Die Errichtung oder Verlegung solcher Anlagen, deren Betrieb mit ungewöhnlichem Geräusch verbunden ist, muß, sofern sie nicht schon nach den Vorschriften der §§ 16 bis 25 der Genehmigung bedarf, der Ortspolizeibehörde angezeigt werden. Letztere hat, wenn in der Nähe der gewählten Betriebsstätte Kirchen, Schulen oder andere öffentliche Gebäude, Krankenhäuser oder Heilanstalten vorhanden sind, deren bestimmungsmäßige Benutzung durch den Gewerbebetrieb auf dieser Stelle eine erhebliche Störung erleiden würde, die Entscheidung der höheren Verwaltungsbehörde darüber einzuholen, ob die Ausübung des Gewerbes an der gewählten Betriebsstätte zu untersagen oder nur unter Bedingungen zu gestatten sei.

Die Grenzen des Nachbarrechts, Einwirkungen von fremden Grundstücken, welche durch störenden Fabrikbetrieb, z. B. mittelst Dampfhammer, entstehen, abzuwehren, sind keine festen, für alle Verhältnisse gleichmäßigen, vielmehr richten sie sich nach den individuellen Verhältnissen und nach der jedesmaligen thatsächlichen Sachlage. Beispielsweise wird im einzelnen Falle auch darauf Rücksicht genommen werden müssen, daß es sich um ein Grundstück in einem Industrieorte handelt, wo der Einzelne seine

Thätigkeit nicht entwickeln kann, ohne dem Nachbar ein gewisses Maß der Belästigung zuzufügen. Entsch. d. Reichsger. — II. Civilsen. — v. 15. Oktober 1886.

§ 28. Die höheren Verwaltungsbehörden sind befugt, über die Entfernung, welche bei Errichtung von durch Wind bewegten Triebwerken von benachbarten fremden Grundstücken und von öffentlichen Wegen inne zu halten ist, durch Polizei-Verordnungen Bestimmung zu treffen.

§ 49. Bei Ertheilung der Genehmigung zu einer Anlage der in den §§ 16 und 24 bezeichneten Arten, ingleichen zur Anlegung von Privat-Kranken-, Privat-Entbindungs- und Privat-Irrenanstalten, zu Schauspiel-Unternehmungen, sowie zum Betriebe der in § 33 gedachten Gewerbe, kann von der genehmigenden Behörde den Umständen nach eine Frist festgesetzt werden, binnen welcher die Anlage oder das Unternehmen bei Vermeidung des Erlöschens der Genehmigung begonnen und ausgeführt und der Gewerbebetrieb angefangen werden muß. Ist eine solche Frist nicht bestimmt, so erlischt die ertheilte Genehmigung, wenn der Inhaber nach Empfang derselben ein ganzes Jahr verstreichen läßt, ohne davon Gebrauch zu machen.

Eine Verlängerung der Frist kann von der Behörde bewilligt werden, sobald erhebliche Gründe nicht entgegenstehen.

Hat der Inhaber einer solchen Genehmigung seinen Gewerbebetrieb während eines Zeitraums von drei Jahren eingestellt, ohne eine Fristung nachgesucht und erhalten zu haben, so erlischt dieselbe.

Für die im § 16 aufgeführten Anlagen darf die nachgesuchte Fristung so lange nicht versagt werden, als wegen einer durch Erbfall oder Konkurserklärung entstandenen Ungewißheit über das Eigenthum an einer Anlage oder, in Folge höherer Gewalt, der Betrieb entweder gar nicht oder nur mit erheblichem Nachtheile für den Inhaber oder Eigenthümer der Anlage stattfinden kann.

Das Verfahren für die Fristung ist dasselbe, wie für die Genehmigung neuer Anlagen.

§ 50. Auf die Inhaber der bereits vor dem Erscheinen des gegenwärtigen Gesetzes ertheilten Genehmigungen finden die im § 49 bestimmten Fristen ebenfalls Anwendung, jedoch mit der Maßgabe, daß diese Fristen von dem Tage der Verkündung des Gesetzes an zu laufen anfangen.

§ 51. Wegen überwiegender Nachtheile und Gefahren für das Gemeinwohl kann die fernere Benutzung einer jeden gewerblichen Anlage durch die höhere Verwaltungsbehörde zu jeder Zeit untersagt werden. Doch muß dem Besitzer alsdann für den erweislichen Schaden Ersatz geleistet werden.

Gegen die untersagende Verfügung ist der Rekurs zulässig; wegen der Entschädigung steht der Rechtsweg offen.

§ 52. Die Bestimmung des § 51 findet auch auf die zur Zeit der Verkündung des gegenwärtigen Gesetzes bereits vorhandenen gewerblichen Anlagen Anwendung; doch entspringt aus der Untersagung der ferneren Benutzung kein Anspruch auf Entschädigung, wenn bei der früher ertheilten Genehmigung ausdrücklich vorbehalten worden ist, dieselbe ohne Entschädigung zu widerrufen.

§ 54. Wegen des Verfahrens und der Behörden, welche in Bezug auf die untersagte Benutzung einer gewerblichen Anlage (§ 51), auf die Untersagung eines Gewerbebetriebes (§ 15 Absatz 2 und § 35) und die Zurücknahme einer Approbation, Genehmigung oder Bestallung (§ 53) maßgebend sind, gelten die Vorschriften der §§ 20 und 21.

Anweisung
zur Ausführung der Gewerbe-Ordnung
vom 4. September 1869.

A. Verfahren bei der Errichtung oder Veränderung gewerblicher Anlagen (§§ 16 und 25).

Antrag des Unternehmers.

Ziffer 28. Der Antrag auf Ertheilung der Genehmigung ist bei dem Landrath,

wo Landräthe nicht bestehen, bei dem Amte (Ober-Amte), wenn die Anlage innerhalb eines Stadtbezirks errichtet werden soll, bei dessen Polizeibehörde anzubringen.

Handelt es sich um die Genehmigung der Stauanlagen für ein zum Betriebe auf Bergwerken und Aufbereitungsanstalten bestimmtes Wassertriebwerk, so ist der Antrag an den Revierbeamten zu richten.

Aus dem Antrage muß der vollständige Name, der Stand und Wohnort des Unternehmers ersichtlich sein. Demselben sind in zwei Exemplaren eine Beschreibung, eine Situationszeichnung und der Bauplan der Anlage beizufügen.

Ziffer 29. Aus diesen Vorlagen muß hervorgehen:

a) die Größe des Grundstücks, auf welchem die Betriebsstätte errichtet werden soll, die Bezeichnung, welche dasselbe im Hypothekenbuche oder im Kataster führt, und der etwaige besondere Name;
b) die gleichartige Bezeichnung der Grundstücke, welche es umgeben, und die Namen der Eigenthümer;
c) die Entfernung, in welcher die zum Betriebe bestimmten Gebäude oder Einrichtungen von den Grenzen der benachbarten Grundstücke und den darauf befindlichen Gebäuden, sowie von den nächsten öffentlichen Wegen zu liegen kommen sollen;

d) die Höhe und Bauart der benachbarten Gebäude, sofern zu der Betriebsstätte Feuerungsanlagen gehören;
e) die Lage, Ausdehnung und Bauart der Betriebsstätte, die Bestimmung der einzelnen Räume und deren Einrichtung, soweit dieselbe nicht beweglich ist;
f) der Gegenstand der Fabrikation, soweit diese innerhalb der Betriebsstätte erfolgt, die ungefähre Ausdehnung, sowie die Art und der Gang des Betriebes, bei chemischen Fabriken insbesondere die genaue Bezeichnung des Fabrikats und des Hergangs seiner Gewinnung.

Ziffer 30. Bei Stauanlagen ist eine Zeichnung der gesammten Stauvorrichtungen einschließlich der Gerinne und Wasserräder beizubringen. Außerdem ist ein Nivellement erforderlich, in welchem dargestellt sein muß:

a) das Längenprofil des zum Betriebe bestimmten Wasserlaufes und des Mutterbaches;
b) eine Anzahl von Querprofilen von beiden;

und welches soweit auszudehnen ist, als die Wirkungen der anzulegenden Stauwerke reichen. Die Profile sind auf eine und dieselbe Horizontale zu beziehen; die letztere ist an einen unverrückbaren Festpunkt anzuschließen.

Es bedarf ferner der Angabe über die Höhe des gewöhnlichen, des niedrigsten und des höchsten Wasserstandes und über die Wassermengen, welche der Wasserlauf in der Regel führt, sowie der Ermittelung, welche Stauwerke ober- und unterhalb der projektirten Anlage zunächst derselben sich befinden.

In dem Situationsplane sind die Grundstücke, welche an den Wasserlauf stoßen, soweit der Rückstau reicht, mit der Nummer, welche sie im Hypothekenbuche oder Kataster führen, und mit dem Namen des zeitigen Eigenthümers zu bezeichnen.

Ziffer 31. Für die erforderlichen Zeichnungen ist ein Maßstab zu wählen, welcher eine deutliche Anschauung gewährt; der Maßstab ist stets auf die Zeichnungen einzutragen.

Nivellements und die dazu gehörigen Situationspläne sind von vereideten Feldmessern oder Baubeamten zu fertigen. Alle sonstigen Zeichnungen können von den mit der Ausführung betrauten Technikern und Werkmeistern aufgenommen werden.

Beschreibungen, Zeichnungen und Nivellements sind von demjenigen, welcher sie gefertigt hat, und von dem Unternehmer zu vollziehen.

Ziffer 32. Die Behörden, bei welchen der Antrag eingereicht wird, haben zu prüfen, ob gegen die Vollständigkeit der Vorlagen etwas zu erinnern ist. Die Bauzeichnungen und Nivellements sind zu dem Behufe dem zuständigen Baubeamten, die Beschreibung solcher Anlagen, welche schädliche Ausdünstungen verbreiten, dem zuständigen

Medizinalbeamten vorzulegen. Diese haben die erfolgte Prüfung auf den Vorlagen zu bescheinigen. Finden sich Mängel, so ist der Unternehmer zur Ergänzung auf kürzestem Wege zu veranlassen.

Bekanntmachung des Unternehmens.

Ziffer 33. Die Bekanntmachung des Unternehmens erfolgt durch die Behörde, bei welcher der Antrag eingebracht ist. Sie muß enthalten:

a) Namen, Stand und Wohnort des Unternehmers, den Gegenstand des Unternehmens und die Bezeichnung des Grundstücks, auf welchem dasselbe ausgeführt werden soll;
b) die Aufforderung, etwaige Einwendungen binnen 14 Tagen bei der Behörde, welche die Bekanntmachung erläßt, anzubringen;
c) die Verwarnung, daß nach Ablauf der Frist Einwendungen in dem Verfahren nicht mehr angebracht werden können;
d) den Hinweis, daß und wo die Beschreibungen, Zeichnungen und Pläne zur Einsicht ausliegen.

Ziffer 34. Die Bekanntmachung ist nur einmal und zwar durch das Amtsblatt zu veröffentlichen. Dafür, daß von den Vorlagen bis zum Ablauf der Frist innerhalb der Dienststunden an geeigneter Stelle Einsicht genommen werden kann, ist von der Behörde Sorge zu tragen. Ein Belagblatt über die Bekanntmachung ist zu den Akten zu bringen.

Ziffer 35. Wird bei Veränderungen bestehender Anlagen (§ 25) der Antrag gestellt, von der öffentlichen Bekanntmachung Abstand zu nehmen, so ist derselbe, nachdem darüber die Aeußerung des zuständigen Baubeamten und, erforderlichen Falls, auch die des Medizinalbeamten eingeholt ist, nebst den übrigen Verhandlungen der Regierung vorzulegen. Diese entscheidet darüber durch Verfügung.

Vorverfahren.

Ziffer 36. Der Behörde, welche die Bekanntmachung erlassen hat, liegt auch die Erörterung erhobener Einwendungen ob; bei ihr sind die Einwendungen anzubringen, dieselben können schriftlich eingereicht oder zu Protokoll erklärt werden.

Der Landrath (Amtshauptmann, Ober-Amtmann) ist befugt, die Erörterung der Einwendungen der Ortspolizei-Behörde oder einer sonstigen geeigneten Unterbehörde zu übertragen. Ist der Beamte, der die Verhandlungen zu leiten hat, selbst bei dem Unternehmen betheiligt, so hat die Regierung einen anderen Beamten mit der Verhandlung der Sache zu beauftragen.

Ziffer 37. Zur Verhandlung ist alsbald nach Ablauf der Frist ein naher Termin anzusetzen, zu welcher der Unternehmer und die

Widersprechenden vorgeladen werden. Ausführliche Einwendungen sind dem Unternehmer mit der Vorladung in Abschrift mitzutheilen; befindet er sich an demselben Orte, so genügt es, ihm zu eröffnen, daß und wo er von den Einwendungen Kenntniß nehmen könne.

Die Vorladung erfolgt schriftlich, gegen Behändigungsschein, unter der Eröffnung, daß im Falle des Ausbleibens gleichwohl mit der Erörterung der Einwendungen werde vorgegangen werden und daß nach dem Abschluß der Erörterung neue thatsächliche Behauptungen zur Rechtfertigung oder Widerlegung der Einwendungen nicht mehr zugelassen werden können.

Ziffer 38. Erscheinen beide Theile, so ist zunächst eine gütliche Einigung zu versuchen. Gelingt der Versuch nicht, so werden die Erklärungen über die gegenseitigen Behauptungen zu Protokoll genommen.

Auf die Erörterung von Einwendungen, welche auf besonderen privatrechtlichen Titeln (wie Vertrag, Privilegium, letztwillige Verfügung) beruhen, ist nicht einzugehen. Einwendungen, die sich auf allgemeine privatrechtliche Titel (z. B. Eigenthum) gründen, sind dagegen mit dem Bemerken zu erörtern, daß dadurch die Verfolgung derselben auf dem Rechtswege nach Maßgabe der gesetzlichen Vorschriften nicht ausgeschlossen sei.

Ueber diejenigen Behauptungen, welche von den Parteien mit Beweis unterstützt werden und dem Beamten erheblich erscheinen, ist entweder alsbald in dem Erörterungstermin oder in einem neuen, mit kurzer Frist anzubraumenden Termine Beweis zu erheben. Die Gestellung von Zeugen und Sachverständigen, welche vernommen werden sollen, ist Sache der Partei, welche die Vernehmung beantragt.

Macht der Verlauf der Verhandlungen die Ansetzung weiterer Termine nöthig, so sind dieselben unverzüglich anzuberaumen und den Parteien mündlich bekannt zu machen.

Ziffer 39. Sind mehrere Widersprechende vorhanden, welche ein gleichartiges Interesse haben, so ist zur Vereinfachung des Verfahrens darauf bedacht zu nehmen, daß sie einen gemeinschaftlichen Bevollmächtigten bestellen, welcher sie bei den weiteren Verhandlungen zu vertreten hat. Soll derselbe zur Empfangnahme der Bescheide, zur Einlegung des Rekurses oder zur vergleichsweisen Einigung mit dem Unternehmer nicht ermächtigt sein, so ist dies ausdrücklich zu erklären.

Ziffer 40. Nach dem Abschluß der Erörterung sind die Verhandlungen, wo dies erforderlich erscheint, dem zuständigen Baubeamten und Medizinalbeamten zum Gutachten mitzutheilen. Bei Stauanlagen sind sie dem Baubeamten stets vorzulegen.

Demnächst werden die Verhandlungen mit einer Aeußerung über die Zulässigkeit der Anlage und die etwa erhobenen Einwendungen von der Behörde in dem vorgeschriebenen Wege der Regierung eingereicht. Wenn es sich um die Genehmigung der Stauanlage für ein zum Betriebe auf Bergwerken und Aufbereitungsanstalten bestimmtes Wassertriebwerk handelt, sind die Verhandlungen zunächst dem Oberbergamt vorzulegen und von diesem mit seiner Aeußerung an die Regierung zu befördern.

Schlußverhandlung.

Ziffer 41. Sind Einwendungen gegen die Anlage nicht erhoben, so erfolgt die Entscheidung ohne vorgängige mündliche Verhandlung.

Wird dabei die Genehmigung nach dem Antrage des Unternehmers ohne Bedingungen oder Einschränkungen ertheilt, so bedarf es eines besonderen Bescheides nicht, sondern die Behörde fertigt alsbald die Genehmigungsurkunde (Nr. 48) aus.

Wird die Genehmigung versagt oder nur unter Bedingungen oder Einschränkungen ertheilt, so erläßt die Regierung zunächst einen schriftlichen Bescheid an den Unternehmer. Bei Stauanlagen, deren Zulässigkeit auch durch das Oberbergamt zu prüfen ist, ergeht der Bescheid von der Regierung und dem Oberbergamt gemeinschaftlich.

Der Unternehmer kann innerhalb 14 Tagen nach Empfang des Bescheides den Rekurs einlegen. Er kann aber auch zunächst auf mündliche Verhandlung der Sache antragen. Der Antrag hierauf ist stets an die Regierung zu richten; auf Grund desselben findet das mündliche Verfahren statt.

Ziffer 42. Sind Einwendungen gegen die Anlage erhoben, so ist das mündliche Verfahren stets ohne Weiteres nach Eingang der Verhandlungen einzuleiten.

Das Verfahren erfolgt in allen Fällen vor der Regierung.

Der Unternehmer sowie diejenigen, welche Einwendungen erhoben und diese in dem Vorverfahren nicht zurückgenommen haben, sind demgemäß zur mündlichen Verhandlung zu laden. Die Ladung derselben erfolgt schriftlich gegen Behändigungsschein und mit der Verwarnung, daß im Falle des Ausbleibens dennoch in der Sache werde verfahren werden. In den mündlichen Verhandlungen können sie im Falle ihres Erscheinens einen Beistand zuziehen oder sich auf Grund einer schriftlichen Vollmacht vertreten lassen.

Die Verhandlung ist mit einer Darstellung der Sache durch eines der Mitglieder des Kollegiums zu eröffnen. Demnächst werden die Betheiligten zum Worte verstattet. Auf neue thatsächliche Anführungen, welche in dem Vorverfahren nicht geltend gemacht worden sind, wird bei der Entscheidung keine Rücksicht genommen. Die Berufung auf neue Beweismittel ist dagegen zulässig.

Die Einreichung schriftlicher Ausführungen ist in der mündlichen Verhandlung nicht mehr gestattet.

Das Kollegium kann, bevor es die Entscheidung fällt, die Aufnahme von Beweisen beschließen. Die Vernehmung von Zeugen und Sachverständigen erfolgt entweder in dem Termine selbst, oder auch durch eine Unterbehörde, oder einen damit beauftragten Kommissar. Die Gestellung der Zeugen und Sachverständigen bleibt Sache der Partei, welche die Vernehmnng beantragt hat. Wenn die vernommenen Zeugen und Sachverständigen vereidet werden sollen, so ist dieses unter Anwendung der gerichtlichen Eidesformen zu bewirken.

Die Entscheidung ist den Betheiligten in dem Termine zu eröffnen. Erscheint die Aussetzung derselben nothwendig, so erfolgt die Eröffnung in einer weiteren Sitzung, welche sofort anberaumt und den Parteien bekannt gemacht werden muß. Die Entscheidung ist demnächst schriftlich abzusetzen.

Ziffer 43. In dem zu erlassenden Bescheide sind der Unternehmer, sowie die Widersprechenden namentlich zu bezeichnen. Der Tenor, welcher von den Gründen zu sondern ist, muß aussprechen, welche Einwendungen für begründet zu erachten oder zum Rechtswege zu verweisen gewesen, wie über den Antrag des Unternehmers entschieden ist und wie die Kosten zu vertheilen. Außerdem ist in dem Bescheid eine Belehrung über das zuständige Rechtsmittel und, falls die Anlage für zulässig erachtet wird, die Bedeutung aufzunehmen, daß der Unternehmer erst mit der Rechtskraft der Entscheidung die Befugniß zur Ausführung der Anlage erhält.

Ziffer 44. Der Bescheid ist einmal für den Unternehmer, und einmal für die Widersprechenden auszufertigen. Die Ausfertigung für die letzteren wird dem gemeinschaftlichen Bevollmächtigten oder, wenn ein solcher nicht bestellt ist, einem der Widersprechenden zugestellt; die übrigen erhalten in diesem Falle Abschrift des Tenors der Entscheidung und zugleich Nachricht, wem die Ausfertigung übersandt worden ist. Behörden, welche gegen die Anlage Einspruch erhoben haben, ist stets vollständige Abschrift des Bescheides zuzustellen. Die Uebersendung erfolgt in allen Fällen gegen Behändigungsschein.

Rekursverfahren.

Ziffer 45. Der Rekurs gegen die Entscheidung kann der Behörde, welche dieselbe getroffen hat, oder den betheiligten Ministerien eingereicht werden. Die Rekursfrist läuft von dem Tage, an welchem den Betheiligten die Entscheidung der Regierung, sei es vollständig oder dem Tenor nach, zugestellt worden ist. Der Rekurs ist in der gesetzlichen Frist nicht nur anzumelden, sondern auch zu rechtfertigen. Die Rekursschrift ist stets in zwei Exemplaren einzureichen.

Ziffer 46. Das eine Exemplar der Rekursschrift wird von der Königlichen Regierung der Gegenpartei zur Beantwortung binnen einer vierzehntägigen Frist mitgetheilt; die Zustellung erfolgt gegen Behändigungsschein und mit der Verwarnung, daß nach Ablauf der Frist eine Erklärung auf die Rekursschrift nicht mehr werde angenommen werden. Wenn mehrere Parteigenossen vorhanden sind, so erhält jeder eine vollständige Abschrift der Rekursschrift.

Ziffer 47. Neue Einwendungen oder neue thatsächliche Anführungen zur Begründung und Widerlegung der erhobenen Einwendungen sind in dem Rekursverfahren nicht zulässig.

Die Regierung überreicht die Verhandlungen mit ihrer gutachtlichen Aeußerung den zuständigen Ministerien zur Entscheidung.

Der Rekursbescheid wird der Regierung zugefertigt. Diese theilt ihn in beglaubigter Abschrift dem Unternehmer und denjenigen Gegnern mit, welche an dem Rekursverfahren Theil genommen haben; sind mehrere Gegner vorhanden, so wird mit der Mittheilung an sie wie bei der ersten Entscheidung verfahren.

Genehmigungs-Urkunde.

Ziffer 48. Sind gegen die Anlage Einwendungen nicht erhoben worden und soll die Genehmigung zur Ausführung ohne weitere Bedingungen nach dem Antrage des Unternehmers ertheilt werden, so fertigt die Regierung alsbald die Genehmigungs-Urkunde aus. In allen anderen Fällen erfolgt deren Ausfertigung nach Abschluß des Verfahrens, sobald die Entscheidung der Regierung rechtskräftig geworden oder der Rekursbescheid ergangen ist. Zu Stauanlagen für ein zum Betriebe auf Bergwerken und Aufbereitungsanstalten bestimmtes Wassertriebwerk wird die Genehmigungs-Urkunde von der Regierung und dem Ober-Bergamt gemeinschaftlich ausgefertigt.

In der Urkunde sind sämmtliche Bedingungen, unter welchen die Anlage genehmigt worden ist, auszuführen und die von dem Unternehmer eingereichten, dem Verfahren zu Grunde gelegten Beschreibungen, Zeichnungen und Pläne ausführlich zu bezeichnen, auch, soweit angänglich, durch Schnur und Siegel damit zu verbinden. Auf Karten und Zeichnungen, welche in dieser Art mit der Urkunde nicht verbunden werden können, ist die Zugehörigkeit zu derselben zu vermerken.

Eine Ausfertigung der Genehmigungs-Urkunde ist dem Unternehmer, eine zweite mit den Verhandlungen der zuständigen Polizeibehörde zu übersenden.

Vor Ertheilung der Genehmigungs-Urkunde ist die Ausführung der Anlage nicht gestattet.

Für diejenigen Provinzen, in denen die neuen preußischen Verwaltungsgesetze gelten, sind hinsichtlich der Behörden, welche über Anträge zur Errichtung oder Veränderung gewerblicher Anlagen (§§ 16 bis 25 R.=G.=O.), sowie über die Untersagung des Gewerbebetriebes (§§ 27 und 51 R.=G.=O.) zu entscheiden haben, nachstehende Bestimmungen ergangen:

Titel XVI des Zuständigkeitsgesetzes vom 1. August 1883.

Gewerbepolizei.

A. Gewerbliche Anlagen.

§ 109. Der Kreis= (Stadt=) Ausschuß, in den einem Landkreise angehörigen Städten mit mehr als 10000 Einwohnern der Magistrat (kollegialische Gemeindevorstand) beschließt über Anträge auf Genehmigung zur Errichtung oder Veränderung gewerblicher Anlagen (§§ 16 bis 25 R.=G.=O.), soweit konzessionspflichtige Anlagen der nachbezeichneten Art in Frage stehen:

Gasbereitungs= und Gasbewahrungs=Anstalten, Anstalten zur Destillation von Erdöl, Anlagen zur Bereitung von Braunkohlentheer, Steinkohlentheer und Koaks, Asphaltkochereien und Pechsiedereien, Glas= und Rußhütten, Kalk=, Ziegel= und Gypsöfen, Metallgießereien, Hammerwerke, Schnellbleichen, Firnißsiedereien, Stärkefabriken, Stärkesyrupfabriken, Wachstuch=, Darmsaiten=, Dachpappen= und Dachfilzfabriken, Darmzubereitungsanstalten, Leim=, Thran= und Seifensiedereien, Knochenbrennereien, Knochendarren, Knochenkochereien und Knochenbleichen, Hopfenschwefeldarren, Zubereitungsanstalten für Thierhaare, Talgschmelzen, Schlächtereien, Gerbereien, Abdeckereien, Strohpapierstofffabriken, Stauanlagen für Wassertriebwerke, Fabriken, in welchen Dampfkessel oder andere Blechgefäße durch Vernieten hergestellt werden, Anstalten zum Imprägniren von Holz mit erhitzten Theerölen, Kunstwollenfabriken und Dégrasfabriken, endlich Dampfkessel mit Ausnahme der für den Gebrauch auf Eisenbahnen bestimmten Lokomotiven und der zum Betriebe auf Bergwerken, auf Aufbereitungsanstalten bestimmten Dampfkessel.

Im Falle fernerer Ergänzung des Verzeichnisses der konzessionspflichtigen Anlagen gemäß § 16 letzter Absatz der Reichsgewerbe=Ordnung bleibt die Bestimmung darüber, für welche der in das Verzeichniß nachträglich aufgenommenen Anlagen der Kreisausschuß (Stadtausschuß, Magistrat) zuständig ist, Königlicher Verordnung vorbehalten.

§ 110. Der Bezirks=Ausschuß beschließt über Anträge auf Genehmigung znr Errichtung oder Veränderung gewerblicher Anlagen, soweit nicht nach § 109 dem Kreis- (Stadt-) Ausschusse (Magistrat) überwiesen ist.

Der Bezirks-Ausschuß beschließt ferner im Einvernehmen mit dem zuständigen Oberbergamte über die Zulässigkeit von Wassertriebwerken, welche zum Betriebe von Bergwerken oder Aufbereitungs-Anstalten dienen (§ 59 Abs. 3 des Allg. Berggesetzes vom 24. Juni 1865).

§ 111. Der Bezirks-Ausschuß beschließt auf Antrag der Ortspolizei-Behörde darüber, ob die Ausübung eines Gewerbes in Anlagen, deren Betrieb mit ungewöhnlichem Geräusch verbunden ist, an der gewählten Betriebsstätte zu untersagen oder nur unter Bedingungen zu gestatten ist (§ 27 R.-G.-O.).

Es ist nicht Sache der Polizei, anzuordnen, auf welche Weise ein nach § 16 R.-G.-O. konzessionspflichtiger Betrieb (Papier-Cellulose-Fabrik) den polizeilichen Bestimmungen entsprechend herzustellen; Sache des Betriebsunternehmers ist es, die Anlage und den Betrieb so einzurichten, daß polizeilicherseits hiergegen Nichts eingewendet werden kann. Entsch. d. Ober-Verw.-Ger. v. 25. Oktober 1886.

§ 112. Die Befugniß, gemäß § 51 der Reichsgewerbeordnung die fernere Befugniß einer gewerblichen Anlage wegen überwiegender Nachtheile und Gefahren für das Gemeinwohl zu untersagen, steht dem Bezirks-Ausschusse zu.

§ 113. In den Fällen der §§ 109 bis 112 findet die Beschwerde an den Minister für Handel und Gewerbe statt. Sofern bei Stauanlagen Landeskulturinteressen in Betracht kommen, ist der Minister für Landwirthschaft zuzuziehen.

Sachregister.

(Die Zahlen verweisen auf die Seiten.)

Druck von Albert Koenig in Guben.

FSC
www.fsc.org
MIX
Papier | Fördert
gute Waldnutzung
FSC® C083411

Kolibri 360 GmbH
Ferdinand-Jühlke-Straße 7
99095 Erfurt, Deutschland
produktsicherheit@kolibri360.de